"メモみたいなレシピ"で作る 家庭料理のレシピ帖

夏井景子

祖母のすっぱくてしょっぱい
梅干し
もう食べられないものに
いつでも気持ちが
もっていかれる

ひよこ豆のコロッケは
パンに挟んでも美味しい

切り干し大根は必ずストック。
戻し汁で作るお味噌汁は
なんとも滋味深い味

お給料が入ったら
ステキな器屋さんで1枚ずつ
買い集めたお皿たち

とうもろこしの季節になると
何度もつくるごはん
とうもろこしの甘みは夏の味

すぐ手にとれるように鍋たちはつっぱり棒で収納。
小さなキッチンだけど窓があって風が通って気持ちがいい。

はじめまして。夏井景子です。

2014年から東京・二子玉川の自宅で
少人数制の料理教室を開いています。
人が3~4人も入ればいっぱいになってしまうくらいの
小さなキッチンで、お野菜を洗うところから、
みなさんに手を動かしてもらっています。

教室のレシピは、すべて私の手描きなのですが、
その理由はまず、私がパソコン作業が苦手なこと。
そして、ホームページを作る時にデザイナーさんに、
「夏井さんの料理への気持ちを教えてくれたら、それを
イメージして作るよ」と言われ、手紙のようにして渡したら、
それをそのまま使ったノートのようなホームページができ上がり、
レシピもそれにならって手描きにすることに決まりました。

レパートリーを増やしたい人、お料理に慣れたい人、
ちょっとした息抜きにくる人、お料理が好きな人、嫌いな人。

みんな理由はそれぞれですが、一緒にお料理をして
同じ食卓を囲むのって、とても楽しいことだな、と
毎回感じています。

私の教室が、日々のごはん作りのちょっとしたヒントや
きっかけになればうれしいです。

日々のなんてことないごはんが、ちょっとした工夫で
美味しくなって、明日の活力になりますように。

私の料理教室の料理について

1. 家庭料理がベースです。

定番の家庭料理にちょっとしたアレンジを加えることで、いつものおかずが新しくなって、レパートリーが増えるといいなあと思いながらメニューを考えています。料理は、ごはん1品＋主菜1品＋副菜2～3品の合計4～5品。なるべく簡単で身近なメニューで、でも、ちょっと新しくて楽しくなるようなおかず作りを心がけています。

2. 野菜をたくさん使います。

季節の野菜をなるべく使い、身近で手に入りやすい野菜がたくさん食べられるようなメニューにしています。ひとり暮らしで野菜不足になりがちな人のために、また、遅めの夜ごはん用に作り置いても罪悪感がないように、お野菜多めの料理が中心です。「いつも決まった野菜を買ってしまう」という悩みもよく耳にするので、いろんな種類の野菜を使うようにしています。

基本的にどの料理も、お鍋やフライパンひとつだけで作れるものばかりです。野菜を茹でたり、さっと煮る用の直径18cmの片手鍋、炒めものや煮込みにも使える直径26cmのやや大きめなフライパン、煮込み料理用には、直径20cmの厚手のホーロー鍋を愛用。洗い物が少なくなるようにも気をつけています。

3、鍋ひとつ、フライパンひとつがあれば大丈夫です。

せっかく教室に来ていただくのだから、なるべく手を動かしてもらえるようにと、野菜を洗うところからみなさんに行っていただきます。お料理の話はもちろん、日々のちょっとしたことなんかも話しながら、みんなでわいわい楽しく作業を分担して、完成したら作った料理をテーブルに並べて、一緒にいただきます。食べる頃にはすっかりお腹もすいているので、みんなでもりもり食べます。

4. 楽しく作ってもりもり食べます。

contents

この本での約束ごと

◎1カップは200cc（＝ml）、1合は180cc、大さじ1は15cc、小さじ1は5ccです。
◎「ひとつまみ」とは、親指、人さし指、中指の3本で軽くつまんだ量。「ひとつかみ」とは、片方の手全体でふわっとつかんだ量のことです。
◎ 塩は精製されていないもの、ブラックペッパーは粗びき黒こしょう、こしょうは白こしょう、オリーブ油はエキストラ・バージン・オリーブオイル、焼いたり炒めたりする時の油（サラダ油）は、米油を使っています。油の量は適量ですが、小さじ1～大さじ1くらいを目安に、好みに合わせて使ってください。
◎「手鍋」とあるのは、直径15cmの小鍋のこと。「落としぶた」は、オーブンシートを鍋の直径に合わせて切って使っています。
◎火加減は、特に触れていない場合は、すべて「中火」です。

column

鶏モモ肉のオイスターソース炒め献立

- キャベツのごま生姜和え
- 人参と豆苗のコチュジャン白和え
- れんこんのハーブ揚げ
- 豆もやしの炊き込みごはん

オイスターソース味は、みんなが大好きな味。鶏肉との組み合わせは王道ですね。しっかりめの味なので、お弁当にもどうぞ。人参の白和えには、コチュジャンを入れてアクセントに。豆もやしの炊き込みごはんは、豆もやしの風味がごはんにうつって、教室でも好評だった料理です。仕上げに加えるごま油をお忘れなく。

鶏モモ肉のオイスターソース炒め　（4人分）

・鶏モモ肉　大1枚（約300g）
・新じゃが芋　4個（約200g）——皮付きで縦半分に切り、7～8mm幅のななめ切り → 水にさらす
・パプリカ（赤）　1個——縦1cm幅に切る
・長ねぎ　1/2本——ななめ薄切り
・生姜　1片——みじん切り
・にんにく　1片——〃

Ⓐ
・オイスターソース　大さじ2弱
・酒　大さじ1
・きび砂糖　小さじ1

・ごま油　適量
・こしょう　〃

（作り方）

① フライパンにごま油を熱し鶏モモ肉を強火で
皮面から焼く。香ばしい色が付いたら裏返して
少し焼いたら片端に肉を寄せる。
空いた所に生姜とにんにくを入れる（a）。

② 生姜とにんにくから香りがでたら、新じゃが芋・パプリカ・長ねぎを
加え中火で炒める。
野菜達に油がまわったらフタをして4～5分程蒸し焼きにする。
（弱めの中火）

③ 蒸し焼きにしている間にⒶをボウルで混ぜておく。

④ 4～5分経ったらフタをとり、Ⓐをまわしかけて更に炒める（b）。
お肉に火が通ればOK。
先に肉をとり出し、カットしてお皿に盛る。
肉の横に野菜を盛り、フライパンに残ったたれを肉にかけ
こしょうをふる。

a

b

キャベツのごま生姜和え（4人分）

- キャベツ　1/6個 —— ひとくち大にカット
- 新玉ねぎ　1/2個 —— 繊維にそってスライス
- スナップえんどう　6本 —— 筋をとる

Ⓐ
- 生姜すりおろし　1/2片分
- 黒すりごま　大さじ2
- しょうゆ　大さじ1
- お酢　大さじ1/2
- ごま油　小さじ1

（作り方）

① 沸騰したお湯でキャベツと新玉ねぎを茹でる（約1分半）ザルに上げる。

② スナップえんどうも茹でる（2分）ザルに上げ水にさらす。

→ 冷めたらななめ半分にカット

中に水分が残っているのでキッチンペーパーで拭く

③ Ⓐをボウルに入れよく混ぜ、キャベツ達を加え和える。

人参と豆苗のコチュジャン白和え（4人分）

- 人参　1/2本 —— 千切り
- 豆苗　1/2袋 —— 3cmカット
- 木綿豆腐　1/2丁（150g）

Ⓐ
- きび砂糖　小さじ1
- しょうゆ　小さじ1強
- コチュジャン　小さじ1
- 白すりごま　大さじ1

※使用するコチュジャンによって辛みと甘みが変わります

（作り方）

① 木綿豆腐はキッチンペーパーでくるみ、重しをのせ水切りする（約30分）

② 人参は沸騰したお湯で茹でる（約2分）→ ザルに上げる。

③ 豆苗はさっと茹でザルに上げる。

④ 豆腐の水がきれたらボウルに入れフォークでしっかり崩し、

Ⓐを加え混ぜる。

味を調えたら、粗熱がとれた人参と豆苗を加え和える。

れんこんのハーブ揚げ（4人分）

皮付きで1cm厚さの半月切り

・れんこん　約200g（1節）
・しょうゆ　大さじ1
・タイム（ドライ）　小さじ1
・片栗粉　適量
・揚げ油　〃

（作り方）

① れんこんをバットに並べ、しょうゆをまわしかけ、れんこんの表面にしょうゆをなじませる。10分程おく。

② タイムの半量をれんこんの表面にふりかけ、裏返し、残りのタイムをふりかける。

③ 片栗粉をまぶし、170℃の油でこんがり揚げる。（3〜4分）

豆もやしの炊き込みごはん（4人分）

・白米　1.5合
・豆もやし　1/2袋（100g）
・煮干し　7本（10g）― 頭と腹ワタをとる
・酒　大さじ1
・塩　小さじ1/2
・水　1.5合分
・ごま油　小さじ2

炊飯器でも作れます！

（作り方）

① 白米は研いで浸水させておく。（30分）

② 浸水させたらザルにあげ鍋にお米を入れる。

③ 水・酒・塩を入れ、さっとひと混ぜし、煮干しを入れ豆もやしをのせて炊く。
（炊き方…強火にかけ、沸き立ったら弱火で9分半、火を止め蒸らし10分）

④ 炊き上がったら、ごま油をまわしかけさっと混ぜる。

春のメニュー②

豆腐と根菜のつくね献立

- スナップえんどうと卵のサラダ
- ほたるいかごはん
- フキと油揚げの煮物

つくねは大好きなおかずだけれど、お肉だけで作ると少し罪悪感があるので、何かしら根菜を入れて日々作っています。今回は人参とゴボウですが、かぼちゃや里芋でも美味しくできます。ほたるいかのだしを吸った炊き込みごはん、フキと油揚げの煮物は、春になると必ず作るお気に入りの定番メニューです。

豆腐と根菜のつくね（8〜10こ分）

・豚ひき肉　250g
・木綿豆腐　1/2丁（150g）
・人参　1本 ―― 縦4等分に切ってななめ薄切り
・ゴボウ　1本（約30cm）― 縦半分に切ってななめ薄切り → 水にさらす
・にんにく　1/2片 ―― すりおろし
・生姜　1/2片 ―― 〃
Ⓐ
・片栗粉　大さじ1
・しょうゆ　小さじ2
・こしょう　適量
・ごま油　小さじ2
Ⓑ
・みりん　大さじ4
・酒　大さじ2
・しょうゆ　〃

付け合わせ
・もやし　1/2袋（100g）
・ゴーヤ　1/3本 ― 縦半分に切り
・塩　ひとつまみ　わたをとり薄切り
・ごま油　少々

もやしとゴーヤをさっとゆで、
塩とごま油で和える

（作り方）
① 豆腐をキッチンペーパーで包み重しをのせる（約30分）
② フライパンにごま油を入れ、にんにく、生姜も入れ弱火にかける。
香りがでてきたら、人参、ゴボウを入れ火が通るまで中火で炒める。
③ ボウルに豚ひき肉を入れ手でよく混ぜる（少し粘りがでるまで）
豆腐を加えしっかり潰す（a）。
粗熱のとれた②の人参とゴボウを加え混ぜ、Ⓐも加える。
④ 8〜10等分にし、生地を丸める（ハンバーグのように）
⑤ フライパンにサラダ油（分量外）を入れて火にかけ、
温まったら生地を入れ中火で焼いていく。
色が付いたらひっくり返してふたをし、両面美味しそうな
色が付いたらⒷのたれを加え、からめながらたれにとろみが
付くまで煮からめていく（b）。

a

b

◎仕上げにお好みで
山椒や七味、ラー油など…

スナップえんどうと卵のサラダ　（4人分）

- スナップえんどう　15本 —— 筋をとる
- ラディッシュ　2個 —— 薄くスライス
- じゃが芋　1つ —— 皮付きで1cm角カット
- 卵　3個
- Ⓐ
  - マヨネーズ　大さじ2
  - オリーブ油　大さじ1
  - 味噌　小さじ1.5
  - こしょう　適量
- 揚げ油　〃

（作り方）

① 沸騰したお湯でスナップえんどうを1分半茹でザルに上げ、水にさらす。

（→ 冷めたらななめ半分にカット 
中に水分が残っているのでキッチンペーパーでしっかり拭く。）

② じゃが芋を素揚げする。170℃で約3分。

③ ゆで卵をつくる。水から茹で沸いたら9分。殻をむく。
フォークで粗めに潰しⒶを加え混ぜる。

④ お皿にスナップえんどう、ラディッシュ、じゃが芋を盛り③も盛る。

ほたるいかごはん　（4人分）　※炊飯器でも作れます

- 白米　1.5合
- ほたるいか　120g
- Ⓐ
  - 酒　大さじ1
  - しょうゆ　〃
  - 塩　小さじ1/4
  - 昆布　5cm
  - 水　（酒としょうゆと合わせて1.5合分）
- Ⓑ
  - 生姜すりおろし　1/2片分
  - 白すりごま　大さじ1

ほたるいかの下処理

① 目とくちばしと軟骨をとる。
- くちばしは足の中にある
- 軟骨はえんぺらの上をつまむとスッととれる →

そのままでも食べられますが下処理をした方が口当たりが良いです。

（作り方）

① 白米は研いで浸水させておく（約30分）

② ほたるいかの下処理をする。

③ 鍋にザルに上げたお米・Ⓐ・ほたるいかを入れ炊く。
（炊き方…強火にかけ沸き立ったら弱火で9分半、火を止め蒸らし10分）

④ 炊き上がったらⒷを加えさっと混ぜる。

フキと油揚げの煮物（4人分）

・フキ　30cm×3本
・油揚げ　2枚 —— 油抜きし、（熱湯をかける）
横半分にカットし1cm幅に切る

・水　300cc
・昆布　5cm

Ⓐ
・しょうゆ　大さじ1
・みりん　大さじ2
・きび砂糖　小さじ1

アク抜きと
色をキレイに仕上げるため

（作り方）

① フキは葉を落としまな板に置き、
塩小さじ1（分量外）をふり板ずりする（a）。
鍋に入る長さに切る。

a

② 大きめの鍋（又はフライパン（直径が広いもの））にお湯を沸かし
フキを入れ3分ゆでる（塩はついたままでOK）

③ 冷水にとり熱をとる。

④ 手で皮をむき（b）、3cm幅にカットする。

b

⑤ 鍋に水と昆布を入れ沸く直前になったら弱火にし、
5分程火にかける。

⑥ ⑤にⒶを入れ、ひと煮立ちしたらフキと油揚げを入れ、
オーブンシートの落としブタをして10分程煮る（弱めの中火）
油揚げに味が染みていたらOK。

◎ フキは下ゆでして皮をむいたところで
保存できます。
水にさらした状態で保存容器に
入れ冷蔵庫で3～4日。

酢味噌で和えたり
サラダや味噌汁に入れたり
炊き込みごはんにしたり色々使えます！

● 春のメニュー③

魚の南蛮漬け献立

- 新じゃが芋のバター炒め
- おかひじきときのこのサラダ
- そら豆の卵焼き
- 新玉ねぎの炊き込みごはん

南蛮漬けのたれには、野菜をたっぷり入れました。魚にカレー粉をまぶして焼き、アクセントに。魚は開いたものや切り身を使えば、ぐっと手軽です。おかひじきのサラダは、大根を鬼おろしでおろすと、食感が残るのでおすすめ。新玉ねぎのごはんは、玉ねぎの甘さを感じられる、シンプルでいて味わいのあるごはんです。

魚の南蛮漬け（4人分）

いわしなら開いたもの4尾分、
アジは三枚おろし2尾分、
生鮭なら4切れ

- 魚の切り身（いわし、アジ、鮭など）4切れ
- 人参　1/2本　——　千切り
- 玉ねぎ　1個　——　繊維にそって薄くスライス
- ゴーヤ　1/2本　——　縦半分に切りワタをとり薄くスライス
- トマト　1個　——　くし切り

Ⓐ
- 昆布だし　100cc
- しょうゆ　大さじ2
- お酢　〃
- きび砂糖　大さじ1
- たかの爪　1/2本

Ⓑ
- 米粉（または小麦粉）大さじ2
- カレー粉　小さじ2

- サラダ油　適量

昆布だし（作りやすい分量）
- 昆布　5cm
- 水　500cc

鍋に入れて火にかけ、
沸騰直前に火を止め
ふたをして10分おく。

（作り方）

① 野菜達はカットしておく。

② 鍋にⒶを入れ火にかけ、沸いたら人参・玉ねぎを加える。
鍋の周りがふつふつとしてきたら火を止めゴーヤ・トマトを加える（a）。

③ 魚を食べやすい大きさにカットしてⒷをまぶし、5分程揚げ焼きする（b）。
（フライパンに1cm程サラダ油を入れ温め、魚を並べ揚げ焼きする）

④ 器に③を盛り②をかける。

※魚の厚さによって揚げ焼き時間は
調整してください。

a

◎ 野菜は他にも
ピーマン・きゅうり・パプリカなど
生で美味しい野菜は割となんでも合います！

b

◎ 冷蔵庫でしっかり冷やして食べるのもオススメです。
カレー粉はお好みで入れなくても。
魚でなくて鶏肉でも美味しいです。

新じゃが芋のバター炒め　（4人分）

- 新じゃが芋　4個（約200g）―― 5mm角の棒状にカット → 水にさらす
- にんにく　1/2片 ―― みじん切り
- バター　20g
- しょうゆ　小さじ2
- 刻み海苔　適量

（作り方）

① フライパンにバターを入れ火にかけ、溶けたら にんにくを加える（中火）。

② にんにくの香りがしてきたらじゃが芋を入れ、ふたをして 時々混ぜながら4～5分炒める。

③ じゃが芋に火が通ったらしょうゆをまわしかけ香ばしく焼く。 器に盛り、刻み海苔をのせる。

おかひじきときのこのサラダ　（4人分）

- おかひじき　1パック ―― 下の硬い茎を落とし、3等分カット
- しめじ　1/2パック ―― 石づきを落としてほぐす
- エリンギ　2本 ―― 手で細めにさく
- 大根　1/4本
- しょうゆ　大さじ1～
- お酢　小さじ2～
- サラダ油　少々

できれば鬼おろしでおろすのがオススメ！

鬼おろし

（作り方）

① 鍋にお湯を沸かしおかひじきを入れ1分半ゆでる。 ザルに上げ水にさらし熱を抜く。水気を絞る。

② しめじとエリンギはサラダ油でしんなりするまで炒める。

③ 大根をおろし、軽めに水を切りボウルに入れ しょうゆとお酢を加え味付けする。

④ おかひじき・しめじ・エリンギを③に入れ和える。

＊ 大根おろしの水分量で味が変わるので しょうゆとお酢は調整してください！

そら豆の卵焼き （4人分）

- 卵　3個
- きび砂糖　大さじ1
- しょうゆ　小さじ1/2
- そら豆　12粒
- ミックスチーズ　約大さじ2
- サラダ油　適量

甘めの卵焼きです

（作り方）

① そら豆をさやから取り出す。
沸騰したお湯で2分茹でザルに上げる。
粗熱がとれたら薄皮をむき半分に割る。

② ボウルに卵を割り入れほぐし、きび砂糖としょうゆを加え混ぜる。

③ 卵焼き器を強めの中火で熱し、サラダ油をペーパーでなじませる。
卵液の1/3量を注ぎ、半熟になったらそら豆の1/3量をまん中に並べ
チーズの半量を散らし手前へ巻く。

④ 奥の空いたスペースに油をなじませ、卵を奥へ置き、
空いた手前にも油をなじませ、再び卵液の1/3量を流して
そら豆・チーズをのせて焼く。
これをもう一度繰りかえす。（最後のひと巻きにはチーズは入れない）
食べやすく切って器に盛る。

新玉ねぎの炊き込みごはん （4人分）

- 白米　1.5合
- 新玉ねぎ　1/2個 ― 繊維にそってスライス
- 油揚げ　1枚 ― 横半分にカットし細切り

Ⓐ
- 昆布　5cm
- 酒　大さじ1
- しょうゆ　大さじ1.5

（プラス水で1.5合分に）

◎炊飯器でも作れます！

（作り方）

① 白米は研いで浸水させておく（約30分）

② 浸水させたらザルに上げ鍋にお米を入れる。
Ⓐを加え水を入れる（酒としょうゆも水分量に加える）
新玉ねぎと油揚げを入れ炊く。

（炊き方は…強火にかけ沸き立ったら弱火で9分半。火を止め蒸らし10分）

春のメニュー④

春野菜と蒸し魚献立

- うどとわかめのおひたし
- きのこの炊き込みごはん
- ベトナム風卵焼き
- こんにゃくのコチュジャン煮

豆豉(トウチ)は初めて食べた時に美味しさに感動して、以来必ずストック。豆豉入りのこの蒸し魚のたれが万能で、お肉にも合うので、いろんな料理に使ってもらえたらうれしいです。ベトナム風卵焼きは、私の十八番の一品。レモンを絞るのに驚かれますが、意外にも合います。こんにゃく煮は、お弁当のおかずにも。

春野菜と蒸し魚　（4人分）

・白身魚の切り身　（さわら・めかじき・生だらetc…）4切れ

・春キャベツ　1/4個 —— ざく切り
・かぶ　2個 —— 8等分のくし切り
・新玉ねぎ　1/2個 —— 〃
・アスパラ　4本 —— 下1/3の皮をピーラーでむく
・スナップえんどう　8本 —— すじをとる

Ⓐ
・酒　大さじ4
・水　大さじ2
・こしょう　適量

たれ

Ⓑ
・豆豉（トウチ）　大さじ1 —— 細かく刻む
・生姜　1/2片 —— みじん切り
・にんにく　1片 —— 〃
・長ねぎ　1/3本 —— 5cm長さの千切り

・白ごま　大さじ2
・しょうゆ　〃
・水　大さじ1
・ごま油　大さじ2

豆豉（トウチ）は黒豆に塩を加えて発酵させた食品。みそに近いうまみがあり、チャーハンに入れたり、豚肉と炒めても美味。

（作り方）

① 大きめのフライパンの真ん中に魚を並べる。
野菜を上から順にのせ(a)、Ⓐをまわしかける。
強火にかけ沸いたら弱火にし、フタをして10分程蒸し煮にする。

② 蒸している間にたれを作る。
小さめのフライパンにごま油を入れⒷを入れ火にかける。
香りがでてきたら弱火にし、じっくり炒める。
長ねぎがしんなりしたら、しょうゆと水を加えて、
ひと煮立ちさせる。白ごまを加える(b)。

③ 蒸し上がった魚と野菜をお皿に盛り、②のたれをかける。

a

b

うどとわかめのおひたし（4人分）

- うど　1本 —— 皮をむき5cmの長さにカット
  3mm角の棒のようにカット
- わかめ（塩蔵）　約100g
- 昆布　10cm
- 水　500cc
- しょうゆ　大さじ1
- きび砂糖　小さじ1

お好みで仕上げに
- 七味
- わさび
- お酢

など合います

（作り方）

① わかめは塩を洗い落とし5分程水につける。
食べやすい長さにカットする。

② 手鍋に水と昆布を入れ火にかけ、沸く直前に弱火にし、
10分程火にかける。
10分経ったら昆布を取り出し千切りにして鍋に戻す。

③ しょうゆときび砂糖を加え、きび砂糖が溶けたら
火を止めうどを入れる。5分程したらわかめも加える。
（※うどとわかめは火にかけず半生に仕上げます）

きのこの炊き込みごはん（4人分）

※炊飯器でも作れます

- 白米　1.5合
- まいたけ　1パック —— 細くさく
- えのき　1/2袋 —— 石づきを切って3cmカット
- 昆布　5cm
- 生姜　1/2片 —— 千切り

Ⓐ
- 酒　大さじ1.5
- しょうゆ　〃
- 水　（酒としょうゆと合わせて1.5合分）

（作り方）

① お米は研いで30分程浸水させる。

② 鍋にザルに上げたお米、Ⓐを入れひと混ぜし、
昆布・生姜・きのこ類の順にのせて炊く。
（炊き方…強火にかけ沸き立ったら弱火にして9分半、火を止め蒸らし10分）

ベトナム風卵焼き　(4人分)

- 卵　3個
- Ⓐ 切り干し大根　15g ── 水で戻し細かめに刻む
- Ⓐ パクチー　1株 ── みじん切り
- Ⓐ 切り干し大根の戻し汁　大さじ2
- Ⓐ ナンプラー　小さじ1.5
- Ⓐ ブラックペッパー　適量
- レモン　〃 ── くし切り
- サラダ油　〃

(作り方)

① ボウルに卵を割り入れほぐし、Ⓐを加えてよく混ぜる。

② フライパンを熱し、サラダ油をペーパーでなじませる。
卵液の1/3量を注ぎ(強火)半熟になったら、
横を両方たたみ、手前に三つ折りにする。
奥の空いたスペースに油をなじませ、卵を奥に寄せ、空いた手前にも
油をなじませ再び卵液の1/3量を流して焼く。
これをもう一度繰りかえす。
熱いうちにまきすで巻き、形を整える。

③ 食べやすく切って器に盛り、レモンを添える。

こんにゃくのコチュジャン煮　(4人分)

茶かつお　だしとり用の大きめな削り節です

- こんにゃく　約200g(1枚)
- 水　200cc
- かつおぶし　ひとつかみ
- Ⓐ きび砂糖　小さじ1〜様子見て
- Ⓐ しょうゆ　大さじ1
- Ⓐ 酒　〃
- Ⓐ 生姜　3枚うす切り
- コチュジャン　小さじ1
- 白すりごま　大さじ1

• 手綱こんにゃく作り方 •

7〜8mm幅に切り、真ん中に切り込み(短めに)

端を切り込みの穴にくぐらせる

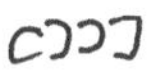

手綱になる

(作り方)

① こんにゃくは沸騰したお湯で2〜3分ゆでアク抜きする。手綱《たづな》こんにゃくにする

② 手鍋に水を入れ沸いたらかつおぶしを入れ、火を止め10分程おく

③ 10分したらかつおぶしを取り出し、Ⓐとこんにゃくを入れ強火にかける
ひと煮立ちしたら落としぶたをして煮含めていく(中火で約20分)。

④ 煮汁が半分位になったらコチュジャンを加える。

⑤ 煮汁がほぼ無くなったら落としぶたを取り、強火で汁気がなくなるまで煮る。白すりごまを加えて混ぜる。

column 1.

お気に入りサラダ

塩は加えずに、塩けは刻んだケッパーだけ。
人参がもりもり食べられるサラダです。

きのこは、好みのものを使っても◎。
汁けが少ないので、お弁当にもぴったりです。

うどとセロリの香りの相性がいいサラダ。
豆腐を下に敷いて、あっさりとヘルシーに。

ルッコラの苦み、柿の甘さの組み合わせが美味。
彩りもきれいで、秋を感じるサラダです。

人参のケッパーサラダ（4人分）

- 人参　1本（約150g）
- 赤玉ねぎ　1/4個
- ケッパー　大さじ1
- オリーブ油　〃
- 白ワインビネガー　小さじ2

（作り方）

① ケッパーは細かく刻んでおく。
② 赤玉ねぎは繊維を断ち切る方向で薄くスライスし、水に10分程さらす。
③ 人参をしりしり器（37ページを参照）にかけボウルに入れ、ケッパー、オリーブ油、白ワインビネガーを加え和える。
④ 全体がなじんだら水気をしっかり拭いた赤玉ねぎを加え和える。

※人参は千切りでもOKです！

油揚げときのこのサラダ（4人分）

- 油揚げ　2枚
- しいたけ　3個　—5mmスライス
- 水菜　1/4束　—3cmカット

Ⓐ
- 味噌　大さじ1
- お酢　小さじ2
- きび砂糖　〃
- オリーブ油　〃

（作り方）

① 油揚げはお湯を回しかけて油抜きをする。粗熱がとれたら横半分、5mm幅にカットする。
② しいたけを炒める。
フライパンにオリーブ油（分量外）を入れしんなりするまで炒める。
③ ボウルにⒶを入れよく混ぜる。油揚げとしいたけを入れよく和えたら水菜を加えさっと和える。

うどとセロリのサラダ（4人分）

- うど　1本　—5cm長さにカット
- セロリ　1/2本　—筋をとる
- 木綿豆腐　1/2丁（150g）

Ⓐ
- オリーブ油　大さじ1
- しょうゆ　小さじ2
- お酢　小さじ1
- 塩・ブラックペッパー　適量

（作り方）

① 木綿豆腐をキッチンペーパーで包み30分程おき、水切りをする
② うどは皮をむき千切りにし、お酢（分量外）を少し入れた水に5分程さらしザルに上げる。
③ セロリは5cm長さの千切りにし、うどと合わせる。
④ 器に豆腐を崩しながら盛り③をのせる。
⑤ 混ぜたⒶをまわしかける。

ルッコラと柿のサラダ（4人分）

- ルッコラ　1袋　—　4〜5cmカット
- 柿　1個　—　8〜10等分のくし切り

（ごまドレッシング）

- 白すりごま　大さじ2
- きび砂糖　小さじ1
- お酢　〃
- しょうゆ　小さじ1.5
- ごま油　小さじ2
- 水　〃
- ブラックペッパー　適量

（作り方）

① ドレッシングの材料をボウルに入れよく混ぜる。
② 器にルッコラと柿を盛りドレッシングをかける。

● 夏のメニュー①

カツオのたたきどんぶり献立

- オクラとゴーヤのスパイス炒め
- トマトと大葉のマリネ
- かぼちゃと枝豆のピーナッツバター和え
- たたききゅうりの梅和え

夏の食欲が落ちた時にも、するするっと食べられるように、と考えたどんぶりです。お酒のシメに小さく盛って作っても、喜ばれると思います。副菜のオクラとゴーヤのスパイス炒めのオクラは、縦に切ることで粘りが出にくくなります。かぼちゃと枝豆のピーナッツバター和えは、パンにはさんでも美味しいおかずです。

カツオのたたきどんぶり（4人分）

1cm幅のななめ切り

・カツオのたたき　1さく分（約250g）

Ⓐ
・しょうゆ　大さじ2
・お酢　〃

・絹ごし豆腐　1丁（300g）

Ⓑ
・ごま油　大さじ1
・ナンプラー　〃
・しょうゆ　〃
・生姜すりおろし　1片分

・なす　2本 —— 1.5cm厚さの輪切り
・みょうが　2個 —— 縦半分に切り、ななめうす切り
・大葉　10枚 —— 千切りして水にさらす

・ごはん　茶碗4杯分
・白ごま　適量
・サラダ油　〃

大葉は水にさらしザルに上げ
キッチンペーパーで水気を拭いて
からトッピングすると、ふわっと
キレイに盛りつけられます

（作り方）

① ボウルにⒶを入れ混ぜ、カツオのたたきと和えておく。

② 別のボウルに絹ごし豆腐を入れしっかり崩し、Ⓑを加え混ぜる(a)。

③ なすを揚げ焼きにする(b)。
（フライパンに1cm程のサラダ油を入れ温め、なすを揚げ焼きにする。
なすの表面が両面ほんのり色付くまで）

a

④ 器にごはんを盛り②の豆腐をのせ、なすと①の
カツオを盛る。
みょうがと大葉をのせ、白ごまをふる。

＊ 付け合わせの野菜は色々合います

b

・塩もみしたきゅうり
・トマト　etc…
・茹でたおかひじき

オクラとゴーヤのスパイス炒め（4人分）

- オクラ　1袋 — ガクをむき縦半分にカット
- ゴーヤ　1/2本 — 縦半分に切ってワタをとり薄くスライス
- Ⓐ 玉ねぎ　1/2こ — スライス
- Ⓐ 生姜　1/3片 — 千切り
- Ⓐ にんにく　1/2片 — 〃
- 油揚げ　1枚 — 横半分に切り、5mm幅カット
- Ⓑ カレー粉　小さじ1
- Ⓑ 塩　小さじ1/2〜
- 白ごま　適量
- オリーブ油　〃

（作り方）

① フライパンにオリーブ油を入れⒶを入れ、香りが出るまで炒める

② ゴーヤと油揚げを加え、ゴーヤがしんなりするまで炒める

③ オクラとⒷを加えさっと炒め、味がなじんだら火を止め、ごまをふる

トマトと大葉のマリネ（4人分）

- トマト　2個 — 8等分のくし切り
- 大葉　5枚 — 粗めのみじん切り
- Ⓐ お酢　大さじ2
- Ⓐ しょうゆ　大さじ1
- Ⓐ ハチミツ　大さじ1/2

（作り方）

① ボウルにⒶを入れハチミツが溶けるまでよく混ぜる
ハチミツが溶けたら大葉を加える

② カットしたトマトを加えさっと和える

※少し置いて味がなじんでからがオススメです

かぼちゃと枝豆のピーナッツバター和え（4人分）

◎ピーナッツは無塩でも有塩でもOK!

・かぼちゃ　1/8個 ―― 皮をむいて細切り
・枝豆　1/2袋（約100g）
Ⓐ
・ピーナッツバター（無糖）　大さじ1.5
・きび砂糖　小さじ1.5
・しょうゆ　〃
・ピーナッツ　大さじ1 ― 細かく刻む
・サラダ油　適量

※甘さのついてるピーナッツバターを使う時は
きび砂糖は入れずに作ってください。

（作り方）

① 枝豆を茹でる。鍋に湯を沸かし、枝豆に塩小さじ1（分量外）を加えて軽くもんで入れ、3〜4分茹でザルに上げる。粗熱がとれたらさやから豆を出しておく。

② フライパンにサラダ油を熱しかぼちゃを入れ炒める。（さっと炒めたらフタをして弱火で火を通す。かぼちゃのサイズにもよりますが割りとすぐ通ります）

③ ボウルにⒶを入れ混ぜ、かぼちゃを加え和える。なじんだら枝豆も加えさっと和える。

たたききゅうりの梅和え（4人分）

・きゅうり　2本
・梅干し　2個 ―― たたく
・塩　小さじ1/2
・しょうゆ　小さじ1
・みょうが　1個 ―― 縦半分に切り ななめ薄切り

（作り方）

① きゅうりの端を切り落とし、まな板に並べてめん棒でたたく。包丁で3〜4cmにカットする。

② きゅうりを袋に入れ、塩を加えてもみ、少し置く。

③ きゅうりから出た水分を捨て、梅干しを入れもみながら梅干しをきゅうりになじませる。

④ お皿に盛りしょうゆをひとまわしし、みょうがをのせる。

● 夏のメニュー ②

辛味噌の煮込みハンバーグ献立

- セロリと赤玉ねぎの春雨サラダ
- とうもろこしごはん
- 青菜のなめたけのせ
- トマトとオクラのナムル

煮込みハンバーグは、ハンバーグの焼け具合を気にしなくていいので、気軽に作れます。韓国料理が好きで、コチュジャンを入れたピリッと辛い味つけにしました。ハンバーグのピリ辛味に、とうもろこしごはんの甘みがとてもよく合います。なめたけって家で簡単に作れるんだ！と、生徒さんにも好評だった献立です。

辛味噌の煮込みハンバーグ （8個分）

ハンバーグ

- 牛豚合いびき肉 300g
- 玉ねぎ 1/2個 ― 粗みじん切り
- パン粉 1/2カップ
- 牛乳 50cc
- Ⓐ
  - 卵 1個
  - 生姜すりおろし 1/2片分
  - 塩こしょう 適量
- ごま油 〃
- パセリ（みじん切り） 〃

煮込みのもの

- 人参 1本 ― 千切り
- トマト 2個 ― ざく切り
- にんにく 1片 ― つぶす
- Ⓑ
  - 水 150cc
  - 白すりごま 大さじ3
  - コチュジャン 大さじ2
  - きび砂糖 大さじ1
  - しょう油 〃
  - 味噌 大さじ1/2

（作り方）

① ハンバーグを作る。
ボウルにパン粉と牛乳を入れ混ぜ合わせ
パン粉をしっとりさせる。
Ⓐとひき肉を加えまでよく混ぜたら玉ねぎを加え、
粘りがでるまで更に混ぜる。
8等分して空気を抜きながらだ円形にして中央をへこませる。

② フライパンにごま油を入れ火にかけ、熱くなったら
ハンバーグを入れ強火で焼く。
両面香ばしい焼き色が付いたら一旦バットなどに移す(a)
（この後煮込むので中まで火が通ってなくてOK）

a

③ フライパンを洗わずに、包丁の背でつぶしたにんにくを入れ
火にかけ、香りが出てきたら人参を加えしんなりするまで炒める。
人参がしんなりしたらトマトを加えさっと炒める。
Ⓑを加え全体をよくなじませ(b)、ひと煮立ちしたら
ハンバーグを入れフタをして弱めの中火で時々返しながら
約15分煮込む。（こげやすいので鍋底をヘラで時々混ぜる）
器に盛り、パセリをのせる。

b

セロリと赤玉ねぎの春雨サラダ　（4人分）

- 春雨　1袋（約100g）
- セロリ　1本 ― すじをとりななめ薄切り
- 赤玉ねぎ　1/2個 ― 繊維を断ち切るように薄くスライス → 水にさらす
- Ⓐ
  - ナンプラー　大さじ1
  - レモン汁　〃
  - きび砂糖　大さじ1/2
  - たかの爪　1/3本 ― 小口切り
- ブラックペッパー　適量

（作り方）

① 春雨は沸騰したお湯で3分ゆでる。
3分経ったらザルに上げ冷水にさらし食べやすい長さにカットする。

② ボウルにⒶを入れよく混ぜたら、
セロリと赤玉ねぎ（水気をよく拭く）、春雨を加え和える。
ブラックペッパーをふる。

とうもろこしごはん（4人分）　※炊飯器でもつくれます

- 白米　1.5合
- とうもろこし　1本（約1カップ強分）
- Ⓐ
  - 酒　大さじ1
  - 塩　小さじ1弱
  - 水　1.5合分

（作り方）

① 白米は研いで30分程水につけておく。

② とうもろこしは実をそぎとる。

③ 鍋にザルに上げた白米とⒶを入れさっと混ぜ、
とうもろこしの実と芯をのせ炊く。
（炊き方は…強火にかけ沸き立ったら弱火にし9分半。
火を止め蒸らし10分）

とうもろこしの実のそぎ方

①長さを1/3にする

②立てて包丁で
上からそぐ

※深く包丁を入れすぎると
芯の硬い部分が
入ってしまうので注意！！

青菜のなめたけのせ　（4人分）

・青菜（ほうれん草、小松菜など）1束
・えのき　1袋 ― 石づきを切って半分の長さにカット

Ⓐ
・しょうゆ　大さじ1.5
・みりん　大さじ1
・酒　〃
・水　50cc
・昆布　3cm
・たかの爪　1/3本

なめたけは
お豆腐にのせて
食べても美味しいです

（作り方）

① 青菜はさっとゆで冷水にとり水気を絞り、4cm程にカットする。
② 手鍋にⒶを入れひと煮立ちしたら、えのきをほぐしながら加える。
途中混ぜながらほぼほぼ水分がなくなるまで煮含める。
③ 器に①を盛り、②をのせる。　（弱めの中火で約10分）

トマトとオクラのナムル　（4人分）

・トマト　2個 ― 8等分のくし切り
・オクラ　1袋 ― ガクをむき塩少々で板ずりする
・長ねぎ　1/4本 ― 4cm長さのせん切り
・ごま油　大さじ1
・にんにく（すりおろし）　少々
・しょうゆ　大さじ1

板ずりは

塩をまぶして
まな板の上で転がし、
うぶ毛を除きます。

（作り方）

① フライパンにごま油を熱し、長ねぎを入れ中火にかける。
長ねぎがしんなりしてきたら弱火にし、油に香りが移るようにじっくり炒める。
② オクラを沸騰したお湯で1分半ゆで冷水にさらし、
ななめ半分に切る 
③ ボウルに①（油ごと）、にんにく、しょうゆを入れ混ざったら、
カットしたトマトと②のオクラを加えさっと和える。

● 夏のメニュー⑦

きゅうりの麻婆豆腐献立

- たことおかひじきの柚子胡椒和え
- ピーマンとみょうがの生姜和え
- ひじきと干しえびの炊き込みごはん
- 人参とパクチーのナンプラーサラダ

夏に麻婆豆腐を作っていた時に、冷蔵庫に余っていたトマトをたまたま入れてみたら美味しくて、そこから生まれたメニューです。きゅうりの炒め物が好きなので、きゅうりも入れて、夏らしい麻婆豆腐になりました。たこの柚子胡椒和えは、ピリッと辛くて香りがよく、お酒好きの人にとても喜ばれる一品です。

きゅうりの麻婆豆腐　（4人分）

- 木綿豆腐　1丁（300g）
- 豚ひき肉　200g
- 豆板醤　小さじ1〜1.5
- 花椒（ホワジャオ）　小さじ1/2
- Ⓐ にんにく　2片 —— すりおろす
- Ⓐ 生姜　1片 —— 〃
- Ⓐ 長ねぎ　1本 —— 小口切り
- トマト　2個 —— ざく切り
- きゅうり　2本 —— 縦半分に切りななめ薄切り
- Ⓑ きび砂糖　小さじ1/2
- Ⓑ 酒　大さじ2
- Ⓑ しょうゆ　大さじ1
- Ⓑ 味噌　大さじ1.5
- 片栗粉　大さじ1弱（＋水大さじ1）
- ごま油　大さじ1
- パクチー　適量 —— ざく切り

中国の山椒・花椒（ホワジャオ）は、強い辛みと香りが特徴。麻婆豆腐やちまきなどに少し加えると、本格的な中華料理の味に。

（作り方）

① 豆腐はキッチンペーパーに包み水気を切っておく（約30分）

② フライパンにごま油を熱し豆板醤を入れさっと炒め、Ⓐを入れ香りを出す（a）。

③ ひき肉を加え火を通し、花椒を加える。

④ トマトを加えてさっと炒め、フタをして弱めの中火で5分程煮込む（b）。

⑤ Ⓑを加えよく混ぜきゅうりを加える。
1cm角に切った豆腐も加える。
ひと煮立ちさせたら水で溶いた片栗粉を加えとろみをつける。
器に盛り、パクチーをのせる。

a

b

たことおかひじきの柚子胡椒和え（4人分）

- 茹でだこ　約150g（足2本）
- おかひじき　1パック —— 下の硬い茎を落とし3等分にカット
- もずく（味つけなし）　50g —— さっと洗っておく

Ⓐ
- オリーブ油　大さじ1
- 柚子胡椒　小さじ1/2
- しょうゆ　小さじ1.5
- お酢　小さじ2
- 塩　ふたつまみ

（作り方）

① たこは食べやすいサイズにそぎ切りする。

② おかひじきは熱湯で1分半ゆでザルに上げ、水にさらして絞る。

③ ボウルにⒶを入れよく混ぜ、たこ、おかひじき、もずくを加え和える。

ピーマンとみょうがの生姜和え（4人分）

- ピーマン　5個
- みょうが　3個

Ⓐ
- 生姜（すりおろし）　1/2片
- お酢　大さじ2
- オリーブ油　大さじ1
- 塩　小さじ1/3

（作り方）

① ピーマンは縦半分にカットし種をとり、細めに千切りする。

② みょうがは縦半分にカットし、ななめに薄くカットする

③ ボウルにⒶを入れ混ぜピーマン、みょうがを加え和える。

ひじきと干しえびの炊き込みごはん（4人分）

◎炊飯器でも作れます

・白米　1.5合
・芽ひじき（乾燥）　大さじ1　※戻さなくてOK！
・干しえび（小えび）　大さじ2 ------→
・人参　1/2本 — 千切り
・干ししいたけ（スライスタイプ）　4枚 ------→

（桜えびに似た干したえびのこと）

Ⓐ
・ナンプラー —　大さじ1強
・酒　大さじ2
・水　1.5合分

（作り方）

① お米は研いで浸水させておく（30分）
② 鍋にザルに上げたお米を入れⒶを入れさっと混ぜる。
干しえび、干ししいたけ、芽ひじき、人参の順にのせ炊く。
（炊き方は… 強火にかけ沸き立ったら弱火で9分半、火を止め蒸らし10分）

人参とパクチーのナンプラーサラダ（4人分）

・人参　1本（約200g）
・パクチー —　3本〜 — 1cm幅にカット

Ⓐ
・ナンプラー —　小さじ2
・レモン汁　〃
・きび砂糖　小さじ1強

・ブラックペッパー —　適量

◎しりしりは沖縄の方言で「千切り」のこと。
沖縄の人気メニューの「人参しりしり」用の器具があります。 --→

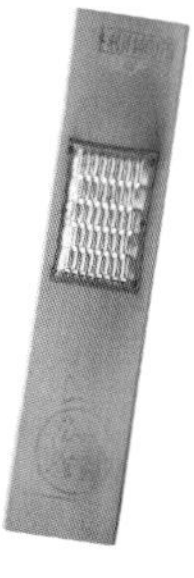

（作り方）

① 人参はしりしり器にかける（又は千切りでもOK）
② ボウルにⒶを入れ、きび砂糖が溶けるように混ぜる。
③ 人参を加えブラックペッパーをふり、人参が少ししんなりしたらパクチーも加え和える。

＊野菜は色々合います！
人参の他に大根・きゅうり・セロリ・トマトなど美味しいです。

● 夏のメニュー④

トマトの水ギョーザ献立

- 厚揚げのナンプラー煮
- かぼちゃのカレーフライ
- ゴーヤのごまからし和え
- とうもろこしのすり流し

焼きギョーザよりも水ギョーザ派の私の、お気に入りの水ギョーザレシピ。トッピングのパクチーもお忘れなく。厚揚げのナンプラー煮は、常備菜にもお弁当のおかずにも◎。かぼちゃのフライはシンプルだけれど、じっくり揚げることでかぼちゃのほくほく感が出て、大人も子どもも大好きな揚げ物です。

トマトの水ギョーザ（20個分）

・牛ひき肉	100g	
・トマト	1個	
・セロリ	1/2本	
Ⓐ ・生姜	1/3片	すりおろし
Ⓐ ・にんにく	1/2片	すりおろし
Ⓐ ・塩	小さじ1/3	
Ⓐ ・ブラックペッパー	適量	
・片栗粉	小さじ2	
・ギョーザの皮	20枚	

トッピング
・ミニトマト 3個ー1/4カット
・パクチー 適量ーざく切り

a

〔作り方〕

① トマトは湯むきをする。
皮をむいたら横半分にカットし、種をスプーンの柄で取りのぞく(a)。
粗めのみじん切りにする。

② セロリは筋をとり、粗めのみじん切りにする。

③ ボウルに牛ひき肉とⒶを入れ手で混ぜ、粘りがでたら片栗粉を入れ混ぜる。
トマトとセロリも加え、なじむまで混ぜる。

④ ギョーザの皮で包む(b)(c)。

〈包み方〉

1) ふち半分に水をつけ たね小さじ2位のせ 半分にたたんでくっつける
2) まん中を指で押してくぼみをつくり
3) 両端を合わせて水でくっつける

⑤ 鍋に湯を沸かし、沸いたらギョーザを入れ
浮いてきたら中火で2分程ゆでる。
器に盛り、トッピングのミニトマトとパクチーを盛り、
ブラックペッパー（分量外）をたっぷりふる。

☺ シンプルにごま油とおしょうゆをつけて。
お酢も合います。

☺ 取り出したトマトの種は
サラダのドレッシングにしたりお味噌汁に
入れたり色々使えます。

トマトの湯むき

① ヘタを取る

②  ←ここに十字の切り込みを入れる。

③ 沸騰したお湯に
トマトを入れ皮が少し
はがれたら水にとり皮をむく。

b

c

厚揚げのナンプラー煮（4人分）

- 厚揚げ　1枚
- 切り干し大根　15g —— 水で戻して3cmカット（※戻し汁使います）
- しめじ　1/2パック —— 石づきを落としてほぐす
- 生姜　1/3片 —— みじん切り
- にんにく　1/2片 —— 〃

Ⓐ
- 酒　大さじ1
- みりん　〃
- ナンプラー　〃
- しょうゆ　小さじ1
- 切り干し大根の戻し汁　150cc

- 大葉　5枚 —— 粗めのみじん切り
- サラダ油　適量

（作り方）

① 厚揚げは沸騰したお湯に入れ1分程ゆでザルに上げる
粗熱がとれたら横半分にカットし、1cm幅にカットする

② 鍋にサラダ油を入れ生姜とにんにくを加え火にかけ、
香りが出てきたら切り干し大根・しめじ・厚揚げを加えさっと炒める。

③ Ⓐを加え落としブタをして強火にし、沸いたら弱火で
10〜15分程水分がほとんど無くなるまで煮含める。

④ 大葉を加えて混ぜる。

かぼちゃのカレーフライ（4人分）

- かぼちゃ　1/8個 —— 皮付きで2cm幅のくし切り

Ⓐ
- 小麦粉　大さじ2
- カレー粉　小さじ1
- 片栗粉　〃

- パン粉　適量
- 中濃ソース　〃
- 揚げ油　〃

（作り方）

① Ⓐをボウルに入れよく混ぜ、かぼちゃを入れてまぶす。
かぼちゃを別皿へ移す。

② 残った粉類に水大さじ2を加え混ぜ、①のかぼちゃを
くぐらせパン粉をまぶす。

③ 170℃の油でカラッと4分程揚げる。
竹串がスッと通ればOK。中濃ソースをかけて食べる。

post card

おそれいりますが
切手をお貼りください

104-8357

東京都中央区京橋 3-5-7
(株)主婦と生活社　料理編集

「"メモみたいなレシピ"で作る
家庭料理のレシピ帖」係行

ご住所
〒　　ー

お電話

フリガナ
お名前

性別　男・女
年齢　　歳

ご職業　1. 主婦　2. 会社員　3. 自営業　4. 学生　5. その他(　　　　)

未婚　・　既婚(　　　)年

家族構成(年齢)

「"メモみたいなレシピ"で作る家庭料理のレシピ帖」はいかがでしたか？
今後の企画の参考にさせていただくため、アンケートにご協力ください。

＊お答えいただいた方、先着1000名の中から抽選で20名様に、小社刊行物(料理本)をプレゼントいたします(刊行物の指定はできませんので、ご了承ください)。
当選者の発表は、商品の発送をもってかえさせていただきます。

Q1 この本を購入された理由は何ですか？

Q2 この本の中で「作りたい」と思った料理を3つお書きください。

(　　　　)ページの(　　　　　　　　　　)

(　　　　)ページの(　　　　　　　　　　)

(　　　　)ページの(　　　　　　　　　　)

Q3 この本の表紙・内容・ページ数・価格のバランスはいかがですか？

Q4 あなたが好きな料理研究家と、その理由を教えてください。

Q5 この本についてのご意見、ご感想をお聞かせください。

＊ご協力ありがとうございました＊

★お答えいただいた内容を弊社のSNSなどでご紹介させていただいてもいいでしょうか？
(ご住所、お名前などの個人情報は一切公開いたしません)　はい／いいえ

ゴーヤのごまからし和え（4人分）

・ゴーヤ　1/2本 ―― 縦半分に切りワタをとり薄くスライス

Ⓐ（
・黒すりごま　大さじ2
・練りがらし　小さじ1.5
・しょうゆ　小さじ2

（作り方）

① ボウルにⒶを入れよく混ぜる

② ゴーヤは沸騰したお湯で1分ゆで よく水を切り、①に加えて和える。

とうもろこしのすり流し（4人分）

（32ページ参照）

・とうもろこし　2本 ―― 実だけそぎとる（約2.5カップ分）

・玉ねぎ　1/2個 ―― 薄くスライス（繊維を断ち切るように）

・じゃが芋　1個（120g）― 皮をむき薄くスライス

・酒　大さじ2

・昆布と干ししいたけのだし汁　600cc

・塩　少々

・サラダ油　〃

（作り方）

① 鍋にサラダ油を入れ火にかけ玉ねぎを加え、透き通るまで炒める（焦げないように）

② じゃが芋を加えさっと炒め、とうもろこしを加える。

③ 酒と半量のだし汁を加え強火にし、沸いたら弱火にしてふたをして、じゃが芋ととうもろこしに火が通るまで約10分煮て粗熱をとる。

④ ミキサーにかける。かけたらザルでこしながら鍋に戻す。残りのだし汁を加え軽く温めたら塩で味を調える。

☺ 温かくても美味しいですが 冷やすととうもろこしの甘みがひき立ちます

〈昆布と干ししいたけのだし汁〉作りやすい分量

（
・昆布　10cm
・干ししいたけ　2個
・水　1ℓ

（作り方）

① さっと洗った昆布と干ししいたけを水につけてひと晩おく

※急ぎの場合は水1ℓを沸かし、昆布と干ししいたけを入れ火を止める。常温になるまで冷めたらOK！

● 夏のメニュー⑤

とうもろこしとズッキーニのかき揚げ献立

- なすのおろし和え
- とうもろこしとおかひじきのサラダ
- 冬瓜と鶏肉の和えもの
- 干しえびのナンプラーごはん

このかき揚げはいつでも大人気で、夏に人を招くと必ず作る私の自信作。実は、教室の最初のメニューがこのかき揚げでした。冬瓜と鶏肉の和えものは、冬瓜のみずみずしさ、柚子胡椒と花椒（ホワジャオ）のスパイシーさで、暑い夏でも食欲がわきます。干しえびのごはんは、炊き上がりにパクチーを混ぜても美味です。

とうもろこしとズッキーニのかき揚げ（8〜10個分）

- とうもろこし　1本 —— 実をそぎとる（約1カップ強分）
※32ページ参照
- ズッキーニ　1本 —— 1cm角にカット
- じゃが芋　1/2個（60g）— 皮付きで5mm角の棒状に切る
- 小麦粉　大さじ6
- 片栗粉　大さじ2
- 水　100cc
- 揚げ油　適量
- 塩　〃

作り方

① 野菜を全て大きめのボウルに入れ混ぜる。

② 別のボウルに小麦粉と片栗粉を入れ混ぜ、
半量を①の野菜のボウルに加えてスプーンで混ぜる（a）。
（粉をまぶして、野菜がバラけないようにするのがコツ！）

a

③ ②の残っている小麦粉と片栗粉のボウルに水を入れ、
よく混ぜたら野菜のボウルに加え全体を混ぜる（b）。

b

④ 180℃の油で1〜2回返しながらカラッと3〜4分揚げる。
（お玉半量くらいを1個として揚げる（c））

⑤ 器に盛り、塩をふる。

※上手に揚げるコツは、
かたまるまで最初はいじらない!! です。

c

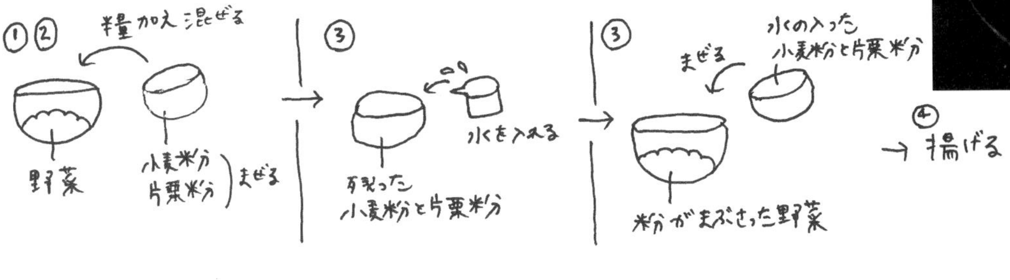

なすのおろし和え（4人分）

なすの切り方

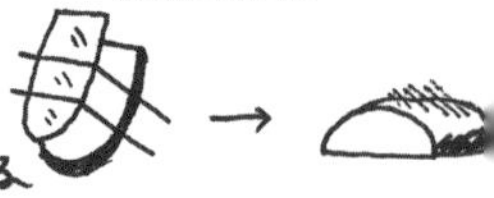

・なす　3本 ―― 縦半分に切り、2〜3等分にし 皮面に斜めに切り込みを入れる

・大根　1/6本 ―― すりおろし軽く水気をきる

・みょうが　1個 ―― 縦半分に切りななめ薄切り

Ⓐ
・ごま油　大さじ1
・ナンプラー　〃
・レモン汁　〃
・ブラックペッパー　適量

・サラダ油　大さじ4

（作り方）

① フライパンに油を入れ火にかけ、なすの皮面から中火で焼いていく。なすの内側の面に焼き色が付くまで焼く。

② 焼けたなすからよく混ぜたⒶにつけ、10分程おく。

③ おろした大根を②に加え和える。器に盛り、みょうがをのせる。

とうもろこしとおかひじきのサラダ（4人分）

・とうもろこし　1/2本 ―― 実をそぎとる（約1/2カップ分）32ページ参照

・おかひじき　1パック ―― 下の硬い茎を落とし3等分にカット

・ゴーヤ　1/4本 ―― 縦半分に切りワタをとり 薄くスライス

・木綿豆腐　1/2丁（150g）―― 水切りする（キッチンペーパーに包み重しをのせて30分程）

Ⓐ
・マヨネーズ　大さじ2
・オリーブ油　小さじ2
・カレー粉　小さじ1
・お酢　〃
・塩　小さじ1/3
・ブラックペッパー　適量

（作り方）

① とうもろこしは塩少々（分量外）を入れ沸騰したお湯で2分ゆでる → ザルに上げる。

② おかひじきは沸騰したお湯で1分半ゆでる → ザルに上げ水にさらす。

③ ゴーヤは沸騰したお湯で1分ゆでる → ザルに上げる。

④ しっかり水切りした豆腐をフォークでつぶし、Ⓐを加え混ぜる。とうもろこし、水気を絞ったおかひじき、ゴーヤを加え和える。

冬瓜と鶏肉の和えもの（4人分）

・冬瓜　1/8個 ── 皮をむき5mm厚さのひと口大に切る

・鶏ムネ肉　300g（大1枚）── 3等分のそぎ切り（厚みをそろえて火の通りを均一にするため）

Ⓐ
・生姜うす切り　3枚
・酒　大さじ1
・塩　小さじ1/2
・水　400cc
・ブラックペッパー　適量

Ⓑ
・白すりごま　大さじ1.5
・しょうゆ　大さじ1
・柚子胡椒　小さじ1
・花椒（ホワジャオ）　小さじ1/3　☆35ページ参照
・生姜（すりおろす）　1/3片

・大葉　5枚 ── 千切りにして水にさらす

（作り方）

① 鶏ムネ肉をゆでる
鍋にⒶを入れ沸いたらムネ肉を入れ強火にかけ（フタはしない）。
再沸騰直前に火を止めフタをして15分置く。
15分したらムネ肉を取り出し、粗熱がとれたら手で細かくさく。

② ①のゆで汁で冬瓜を2分ゆでる → ザルに上げる。

③ ボウルにⒷを入れよく混ぜ、ムネ肉を入れ和え、
肉に味がなじんだら②の冬瓜を加え和える。
器に盛り、大葉をのせる。

干しえびのナンプラーごはん（4人分）

※炊飯器でも作れます

・白米　1.5合
・干しえび（小えび）　大さじ2 ──→ 小えびは桜えびみたいな干したえびのこと！桜えびより安価です（37ページ参照）
・ナンプラー　大さじ1
・水　1.5合分

（作り方）

① 白米は研いで30分程水につけザルに上げる。

② 鍋に①の白米・ナンプラー・水を入れひと混ぜする。

③ 干しえびを散らし炊く。

（炊き方は…強火にかけ沸き立ったら弱火で9分半。火を止め蒸らし10分）

● 夏のメニュー ⑥

切り干し大根とツナのちらし寿司献立

- 夏野菜のハリッサ和え
- 枝豆とドライマンゴーの白和え
- 蒸しなすの香味ソースがけ

手頃なツナと切り干し大根を使った、少し目新しいちらし寿司。薬味の大葉はたっぷりと。夏野菜のハリッサ和えは、沢山のスパイスが入っていて、暑い日でも食欲がわきます。ハリッサはスープに入れたり、カレーのトッピングにしたりと使えるので、ストックしておくと便利。白和えは、女性に圧倒的に人気が高い一品です。

切り干し大根とツナのちらし寿司

(4〜5人分)

・ごはん　茶碗4杯分
・切り干し大根　25g
・にんにく　1/2片 —— みじん切り
・生姜　〃 —— 〃
・しめじ　1/2パック —— 石づきを落としてほぐす
・ツナ缶(油をきる)　2缶(140g)
・豆板醤　小さじ1/4
Ⓐ
・みりん　大さじ2
・酒　大さじ1
・ナンプラー　〃
・しょうゆ　大さじ1/2
・切り干し大根の戻し汁　200cc
・サラダ油　適量

(トッピング)
・きゅうり 1/2本
(輪切り→塩少々でもみ、絞る)
・大葉 10枚
(千切り→水にさらす)
・白ごま 適量

(すし酢)
混ぜる
・お酢　大さじ1
・きび砂糖　小さじ1
・塩　ふたつまみ

a

b

(作り方)

① ごはんは少し硬めに炊く。

② 切り干し大根を約300ccの水で戻し、戻ったら水を絞り、2cm幅くらいにザク切りする(※戻し汁は使うので捨てない！)

③ 鍋(又はフライパン)にサラダ油、豆板醤・にんにく・生姜を入れ火にかけ、香りが出てきたらしめじを加え炒める。

④ しめじに火が通ったら、切った切り干し大根を加え、さっと炒めたらツナ缶を加えさっと炒める(a)。

⑤ Ⓐを加え弱めの中火でたまに混ぜながら、水分がほとんど無くなるまで煮ていく。(約10分)

⑥ 炊いたごはんに⑤とすし酢を加えさっくり混ぜ合わせる(b)。

⑦ お皿に盛り、塩もみしたきゅうりと大葉をのせ、白ごまをふる。

夏野菜のハリッサ和え（4〜5人分）

・なす	2本	2〜3cm厚さの輪切り
・ズッキーニ（黄・緑）	それぞれ1/2本	1cm強厚さの輪切り
・パプリカ（赤）	1/2個	縦2cm幅、長さを半分にカット
・万願寺とうがらし	4本	竹串で刺して穴を数ヶ所あける
・ゴーヤ	6cm	縦半分に切りワタをとって2cm幅カット
・ひよこ豆（ゆでたもの）	1/2缶（50g）	
Ⓐ・レモン汁	大さじ2〜	
Ⓐ・ハリッサ（☆）	大さじ4	
・塩	適量	
・ブラックペッパー	〃	
・揚げ油	〃	

（作り方）

① 170℃の油で野菜をそれぞれ素揚げする

（なすとズッキーニは切った面がほんのり色付くまで。
パプリカは3分位、万願寺とうがらしとゴーヤはさっとでOK）

② ボウルにⒶを入れ混ぜ合わせる。

③ 素揚げした野菜を加え（なすは柔らかいので最後に）和える。
ひよこ豆も加えて和える。
塩とブラックペッパーで味を調える。

※万願寺とうがらしの
代わりにししとうでもOK。

万願寺とうがらし（ししとう）は
穴をあけないと揚げた時に
破裂するので注意！

ハリッサは（写真左上から時計回りに）、韓国料理に欠かせない粉唐辛子、インド料理でおなじみのクミン、さわやかな香りのコリアンダー、甘い香りとプチプチ食感のキャラウェイシードを加え、奥深い味に。

☆ ハリッサ（作りやすい分量）

Ⓐ	・粗びき粉唐辛子	60g（大さじ8）
Ⓐ	・クミンパウダー	大さじ1
Ⓐ	・コリアンダーパウダー	〃
Ⓐ	・キャラウェイシード	小さじ1/2
Ⓐ	・塩	大さじ1
	・にんにく（すりおろす）	1片（大きめ）
	・オリーブ油	大さじ3

（作り方）

① キャラウェイシードはすり鉢で細かくしておく

② ボウルにⒶを入れよく混ぜる。
混ざったらにんにくとオリーブ油を加え混ぜる。

＊ビンや密閉容器に移し冷蔵庫で保存。
日持ちは3ヶ月程。スープに入れたり
豚肉にまぶして焼いたりと
色々使えます!!

枝豆とドライマンゴーの白和え （4人分）

・木綿豆腐　1/2丁（150g）
・枝豆　1/2袋（100g）
・ドライマンゴー　大きめ3枚 ―― 細切り
・白すりごま　大さじ1.5
・しょうゆ　小さじ1

（作り方）

① 豆腐はキッチンペーパーで包んで30分程水きりする。

② 枝豆をゆでる。枝豆に塩小さじ1（分量外）を加えて軽くもみ、沸騰したお湯に入れて3〜4分ゆでる。ザルに上げ、粗熱がとれたら豆をサヤから出す。

③ すり鉢に①の豆腐を入れ、すりこぎですり混ぜ、白すりごまとしょうゆを加えて混ぜる。マンゴーを加えなじんだら枝豆を加え和える。（少し置いてマンゴーが柔らかくなってからがオススメです）

蒸しなすの香味ソースがけ （4人分）

・なす　4本 ―― ヘタを取り、竹串で数ヶ所刺す

たれ
・生姜　1/2片 ―― みじん切り
・大葉　10枚 ―― 〃
・みょうが　1個 ―― 〃
・しらす　大さじ2
・しょうゆ　大さじ1.5
・お酢　〃
・ごま油　大さじ1/2

＊たれはそうめんや お豆腐にかけてもおいしい

（作り方）

① なすは湯気の上がった蒸し器の強火で10分蒸す。

② フライパンにしらすとごま油を入れ弱火にかけ、カリカリじゃこにする。

③ たれの材料を全て混ぜ合わせる。

④ ①のなすの粗熱がとれたら、手で縦に細くさいて皿に並べる。たれをかける。

column.2.

おすすめ春巻き

春巻きの皮に塗る味噌は、多いとしょっぱくなるので注意して。
アスパラを芽キャベツや、スナップえんどうにかえて作っても。

ごぼうと玉ねぎの香ばしい春巻き。ごぼうは、千切りで火の通りをよく。
クリームチーズを加えると、さらにおつまみっぽくなります。

じゃが芋とアスパラの春巻き　（6本分）

a

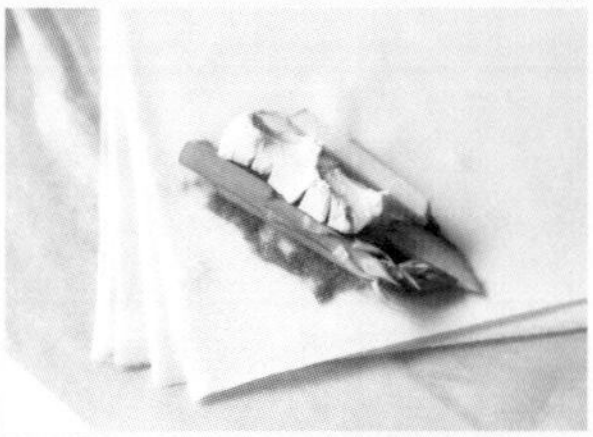

b

・じゃが芋　1/2個（60g）
・アスパラ　2本
・クリームチーズ　50g ── 6等分に切る
・味噌　小さじ2
・春巻きの皮　6枚
・揚げ油　適量

（作り方）

① じゃが芋は皮付きで細切りにする。
アスパラは下の皮をピーラーでむき、3等分にカットする。

② 春巻きの皮の手前に味噌をぬり、じゃが芋、アスパラ、クリームチーズを置き（a）、手前、左右、向こうの順に巻く（b）。（端は水でぬらしてとめる）

③ 170℃の油できつね色になるまで揚げる。（4～5分）

茄子とごぼう・玉ねぎのアンチョビ春巻き　（6本分）

・茄子　1本 ── 縦に6等分カット

・ごぼう　10cm ── 斜め薄切りにし、千切り
・玉ねぎ　1/4個 ── うすくスライス
・アンチョビ（フィレ）　3枚 ── 巾を半分にカット

細長くなるように！

・ブラックペッパー　適量
・春巻きの皮　6枚
・揚げ油　適量

a

（作り方）

① 春巻きの皮を広げ手前に茄子・ごぼうをのせ、その上にアンチョビ・玉ねぎをのせ、ブラックペッパーをふり（a）、上と同様に巻く。（端は水でぬらしてとめる）

② 170℃の油できつね色になるまで揚げる。（4～5分）

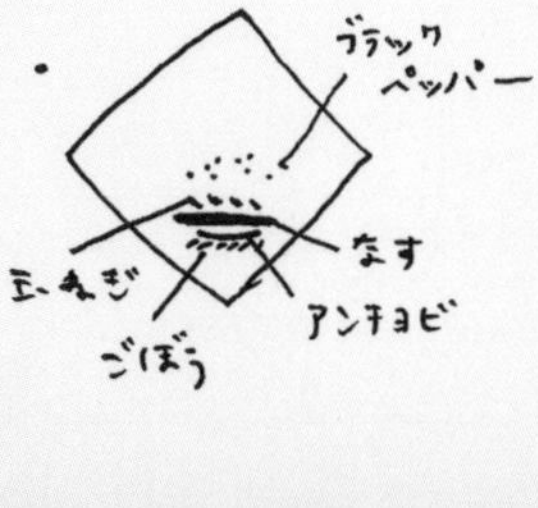

● 秋のメニュー ①

ごぼうと豚肉のピリ辛煮物献立

- かぶともずくのだし煮
- 柿とかぶのサラダ
- 空心菜のピーナッツ炒め
- 秋刀魚《さんま》ごはん

煮物のじゃが芋の少し溶けてとろとろっとした感じと、ごぼうと豚肉の組み合わせが好きで、できたメニューです。空芯菜のピーナッツ炒めは、タイに旅行に行った時にサラダにかかっていたピーナッツだれが美味しくて、帰ってきてすぐに作ってみたもの。秋らしく秋刀魚のごはんと、柿のサラダを合わせてみました。

ごぼうと豚肉のピリ辛煮物 (4人分)

- ごぼう　約30cm×2本 —— 長めの乱切り → 水にさらす
- じゃが芋　2個(240g) —— 6等分にカット → 水にさらす
- 豚肉(切り落としや こま切れ)　200g
- 大豆(ゆでたもの)　1缶(100g)

Ⓐ
- にんにく　1片 —— すりおろし
- 生姜　1片 —— 〃
- 酒　大さじ2
- みそ　大さじ1強
- コチュジャン　〃
- きび砂糖　大さじ1

- 白すりごま　大さじ2
- 豆乳(無調整)　50cc〜
- ごま油　適量

トッピング
- 大葉10枚 — 千切りにし 水にさらす
- ブラックペッパー　適量

(作り方)

① 鍋にごま油を熱し、ごぼう・じゃが芋の順に炒める。
油が回ったら豚肉も加えほんのり色が変わるまで
炒める。大豆も加える(a)。

a

② Ⓐを加え全体に味をなじませる。
水をひたひたより少し少ない位になるように調整して入れる(b)。
ふたをして強火にし、沸いたら弱火にして
じゃが芋に火が通るまで20分程煮込む。

b

③ じゃが芋に火が通ったら白すりごま・豆乳を加え
ひと煮立ちしたら完成。
器に盛り、トッピングで大葉を飾り、ブラックペッパーをふる。

かぶともずくのだし煮 (4人分)

・かぶ　3個 ── 皮をむいて6等分のくし切り
・もずく(味つけなし)　約80g
・昆布　5cm
・かつおぶし　軽くひとつかみ
・水　400cc
・しょうゆ　大さじ1
・きび砂糖　小さじ1強

(作り方)

① 手鍋に水と昆布を入れ火にかける。
沸騰直前になったら火を弱め、かつおぶしを入れる。
10分程したら火を止めザルで漉す。
(昆布は千切りにして鍋に戻す)

② ①にしょうゆときび砂糖を加え、かぶを入れて強火にし、
沸きそうになったら落としぶたをして弱火で煮る。(15〜20分)

③ 洗ったもずくを加えて火を止める。

＊温かくても冷たくしても美味しいです！

柿とかぶのサラダ (4人分)

・柿　1個 ── 皮をむいて薄いいちょう切り
・かぶ　1個 ── 皮をむいて柿と同じサイズに切る

Ⓐ
・白すりごま　小さじ2
・しょうゆ　小さじ1/2〜
・くるみ　大さじ1 ── 細かく刻む

(作り方)

① ボウルにⒶを入れ混ぜる。

② かぶ→柿の順に加えその都度和える。

空芯菜のピーナッツ炒め　（4人分）

・空芯菜　1束 ―― 4-5cmにカット
・玉ねぎ　1/2個 ―― 繊維にそって薄くスライス
・エリンギ　1/2パック ―― 手で縦に細くさく
・にんにく　1/2片 ―― みじん切り
・サラダ油　大さじ2

Ⓐ
・ピーナッツ　大さじ1 ―― 細かめに刻む
・白すりごま　小さじ2
・ナンプラー　小さじ1
・塩　ふたつまみ

※ピーナッツは塩つきでOKです

（作り方）

① 小さめのボウルにⒶを入れておく

② 揚げにんにくを作る。フライパンにサラダ油とにんにくを入れて中火にかけ、にんにくがほんのり色付いてきたら火を止めて①に加えて混ぜ合わせる。

③ 続けてフライパンにサラダ油少々（分量外）を入れて中火で玉ねぎとエリンギを炒める。火が通ったら空芯菜を入れ、強火でさっと炒める。火を止め②を加えて混ぜる。

秋刀魚《さんま》ごはん　（4人分）

・秋刀魚　2尾
・長ねぎ　1/2本 ―― みじん切りにし水にさらす
・ごはん　茶碗4杯分
・しょうゆ　大さじ1
・酒　〃

（作り方）

① 秋刀魚を魚焼きグリルで焼く。焼き上がったら身をほぐししょうゆと酒を加える。水気をしっかり拭いた長ねぎも加える。

② ごはんに①を入れ混ぜる。

※長ねぎを水にさらさないと辛みが強いので水にさらすことを忘れずに!!

秋のメニュー ②

塩豚ちまき献立

- かぼちゃのポタージュ
- ほうれん草の豆腐ソースがけ
- 長芋とイカのフリット
- 人参の梅味噌和え

秋が深まると、教室のメニューにちまきを入れています。せいろからの湯気って、なぜあんなに幸せになるんでしょうか！　豚肉を塩豚にすることで、そのうまみをぎゅっとちまきに包みます。長芋とイカのフリットは、揚げた長芋の香ばしさと、イカの風味でお酒がすすみます。イカの代わりに、ほたて貝柱やあたりめでも。

塩豚ちまき（8−10個分）

・もち米　2合

・豚ロース肉（トンカツ用）　2枚（200g）— 5mm幅にカット

・塩　小さじ1

・生姜　1/2片 —— 千切り

・長ねぎ　1/2本 —— 小口切り

・えのき　1/2袋 —— 石づきを切り、2cm幅にカット

Ⓐ

・紹興酒（又は酒）　大さじ2

・しょうゆ　小さじ1

・花椒（ホワジャオ）　小さじ1/3 ☆35ページ参照

・こしょう　適量

・水　50cc

・ごま油　大さじ1

必要なもの

・竹の皮　8−10枚（中）

オーブンシートでもOK!!

（下準備）

・もち米は軽く洗いたっぷりの水に半日つけておく。

・カットした豚ロース肉に塩をもみ込み半日おく。

（作り方）

① 竹の皮を水につけて柔らかくしておく（10分程）

② フライパンにごま油と生姜を入れ火にかけ、香りがでてきたら豚肉を入れ炒める。豚肉の色が変わってきたら、長ねぎ、えのきを入れしんなりするまで炒める。

③ Ⓐを加えさっと炒め、ザルに上げたもち米と水を加える。混ぜながら、もち米がしっかり水分を吸うまで炒め(a)、火を止める。

④ 竹の皮をザルに上げ、キッチンペーパーなどで水分を拭く。裏面の下1/3程にペーパーでごま油（分量外）を塗る。下の端を三角形に折って③を入れて包む(b)。蒸気がたっぷり上がった蒸し器に入れ強火で30分蒸す。

もち米から作られる紹興酒は、甘みと強いうまみが持ち味。キャベツと豚肉炒め、なす炒めなどに加えると、ぐっと中華風の味わいに。

a

b

竹の皮の包み方

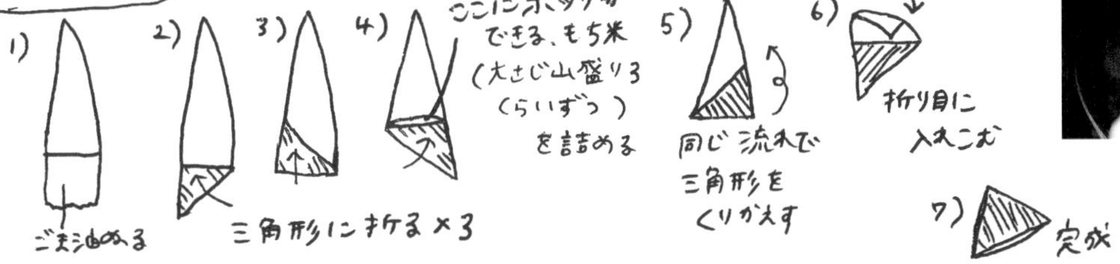

かぼちゃのポタージュ　（4－6人分）

- かぼちゃ　1/4個（約500g）――ワタをとり皮をむいて1cm幅にカット
- 玉ねぎ　2個　――繊維を断ち切るように薄くスライス
- 昆布と干ししいたけのだし汁　400cc
- 牛乳　300cc
- 塩　小さじ1/2
- オリーブ油　適量
- ブラックペッパー　〃

（作り方）

① 厚手の鍋（又はフライパン）にオリーブ油を熱し、玉ねぎを炒める。
茶色になるまで弱めの中火で炒める。

② かぼちゃを加えさっと炒めたらだし汁を加え、フタをしてかぼちゃが
柔らかくなるまで煮る（沸きそうになったら弱火にしそこから約10分）

③ 火を止め、粗熱がとれたらミキサーにかけ再び鍋に戻す。

④ 牛乳を加え火にかけ、温まったら塩で味を調える。
器に盛り、ブラックペッパーをふる。

昆布と干ししいたけのだし汁

- 昆布　10cm
- 干ししいたけ　1個
- 水　400cc

1晩おく又は水を沸かし
昆布と干ししいたけを入れ
火を止め常温になるまで
冷めたらOK！

ほうれん草の豆腐ソースがけ　（4人分）

- ほうれん草　1束

Ⓐ
- 絹ごし豆腐　1/2丁（150g）――水切りする（キッチンペーパーに包み重しをのせ約30分おく）
- マヨネーズ　大さじ1
- オリーブ油　小さじ2
- お酢　〃
- 塩　小さじ1/4
- 粒マスタード　小さじ1.5

（作り方）

① ほうれん草の根元に十字の切り込みを入れ、
沸騰したお湯で30秒程ゆで水にさらす。
水気を絞り4cm程にカットする。

② ボウルに水切りした絹ごし豆腐を入れフォークでしっかり潰し、
Ⓐのその他の材料を混ぜ合わせる。

③ 器にほうれん草を盛りソースをかける。

長芋とイカのフリット（12〜14個分）

- 長芋　200g（約10cm）— 皮をむく
- イカ（やりいか・するめいか）　80g（やりいかはサイズにもよりますが2〜3ぱい。するめいかは1/2ぱいで約80gです）
- 小麦粉　大さじ5
- 片栗粉　大さじ1
- Ⓐ 水　大さじ2
- Ⓐ かつおぶし（細かいもの）　大さじ1
- Ⓐ ナンプラー　小さじ2
- Ⓐ ブラックペッパー　適量
- 揚げ油　〃
- 市販のスイートチリソース　〃

※今回は生のイカを使いましたが
冷凍のイカやソフトさきいかなどでも
代用できます。

（作り方）

① 長芋は半量は1cm角にカット。
もう半量はすりおろして同じボウルに入れる。

② Ⓐを①のボウルに加えて混ぜる。

③ イカはワタと軟骨を取り胴は1cm角、下足は1cm幅に切る
（皮はむかなくてOKです）
②と別のボウルにイカを入れ、
小麦粉と片栗粉を加え混ぜる

④ ③に②を加え（イカのボウルに長芋を入れる）さっくり混ぜる。
粉気がなくなったらOK。

⑤ 170℃の油にスプーンでひと口大に落としながら、きつね色になるまで揚げる。（3〜4分）
スイートチリソースをつけて食べる。

粉をまぶさないと、揚げた時にイカがはじけて
危ないのでしっかりまぶしてください!!

人参の梅味噌和え（4人分）

- 人参　1本 — ななめ薄切りにし、千切り
- 小松菜　3株
- Ⓐ 味噌　大さじ1
- Ⓐ 梅干し（たたいたもの）　小さじ1
- Ⓐ きび砂糖　小さじ3/4

（作り方）

① 人参は熱湯でさっとゆで、粗熱をとる。

② 小松菜はさっとゆでて水にさらし、水気を絞って3cmに切る。

③ ボウルにⒶを入れ混ぜ、人参と小松菜を加え和える。

● 秋のメニュー③

トマトクリームのロールキャベツ献立

- カリフラワーとラディッシュのマリネ
- オイルサーディンのポテトサラダ
- 根菜のパエリア

ロールキャベツのトマトソースは、玉ねぎをきつね色に炒めることと、人参のすりおろしを入れるのがポイント。人参をすりおろすのは大変だけれど、ソースにぐっと甘みが出ます。ロールキャベツのたねにレーズンを入れることで、トマトソースとの相性がさらによくなります。パエリアは、根菜をたこやオリーブにかえても◎。

トマトクリームのロールキャベツ（4個分）

ロールキャベツ

- キャベツ　1/2個

Ⓐ
- 牛豚合いびき肉　200g
- 玉ねぎ　1/2個 —— みじん切り
- 卵　1個
- レーズン　大さじ2（20g）—— みじん切り
- 塩　小さじ1/2
- こしょう　少々

※干ししいたけの代わりにコンソメ×1個で代用してもOKです。

トマトソース

- にんにく　1/2片 —— みじん切り
- 玉ねぎ　1.5個 —— 繊維を断ち切るように薄くスライス
- 人参　1本 —— すりおろし
- トマト缶　1缶（400g）
- ローリエ　1枚
- 牛乳　400cc
- 干ししいたけ（スライスタイプ）　6〜7枚 ←37ページ参照
- 塩　小さじ3/4
- オリーブ油　適量
- ブラックペッパー　〃

（作り方）

〈ロールキャベツを作る〉

① 大きい鍋にお湯を沸かし芯を取ったキャベツを入れる。
外側の葉からはがれていくので1枚ずつとり、ザルに上げる（a）。
（ゆですぎ注意）

② まな板にはがしたキャベツを置き
中央の硬いところを包丁でそぎ落とす。

③ Ⓐをボウルに入れ手でよく混ぜてたねを作る。4等分して丸めておく。

④ キャベツを2枚少し重ねて広げ、手前側にたねを置き（b）。
手前からくるくる巻き、2/3まで巻いたら両サイドを折り込み、
ポッケができたら端を入れ込む（c）。
※あまったキャベツも半量ほど刻んで一緒に煮ます。

a

b

c

〈トマトソースをつくる〉

① 鍋にオリーブ油とにんにくを入れて火にかけ、香りがでてきたら
玉ねぎを加え、こんがりしたきつね色になるまで弱火で炒める。

② 人参、刻んだキャベツを加え更に炒め、トマト缶とローリエを加え、水分が
ほとんど飛ぶまでヘラで混ぜながら10分中火にかける。

③ 牛乳・干ししいたけ・塩を加え混ぜ、ロールキャベツを並べ、弱めの中火で
フタをして20分程煮込む。味をみて足りなければ塩（分量外）を足す。
器に盛り、ブラックペッパーをふる。
（※煮込む時、鍋底が焦げやすいので時々混ぜながら煮込む）

カリフラワーとラディッシュのマリネ（4人分）

・カリフラワー — 1株（正味300g）— 小房に分ける
・ラディッシュ 5個 — 縦4等分に切る
・ひよこ豆（ゆでたもの） 1/2缶（50g）
・赤玉ねぎ 1/6個 — みじん切りにして10分程水にさらし、水気をよく拭く。

Ⓐ
・オリーブ油 大さじ2
・白ワインビネガー 大さじ1
・塩 小さじ1/3～
・ブラックペッパー 適量

（作り方）

① カリフラワーはゆでるか蒸すかして、竹串がスッと通るまで火をとおす。

② 混ぜたⒶにカリフラワー、ラディッシュ、ひよこ豆、赤玉ねぎを加えて和える。

オイルサーディンのポテトサラダ（4人分）

・じゃが芋 3個（約400g）
・オイルサーディン 1/2缶（50g）
・長ネギ 2/3本 — 縦半分に切りななめ薄切り
・オリーブ油 大さじ2
・白ワイン 〃
・マヨネーズ 大さじ1
・クリームチーズ 30g — ちぎる
・塩、こしょう 適量

（作り方）

① じゃが芋はゆでるか蒸すかして皮をむき潰す。

② フライパンにオリーブ油と長ネギを入れ炒める。
フツフツしてきたら弱火にし、じっくり炒めていく。（4～5分）
白ワインを入れアルコールが飛んだら火を止める。

③ じゃが芋に②の長ネギ（汁ごと）を加え混ぜ、オイルサーディン、マヨネーズ、クリームチーズを加え、塩こしょうで味を調える。

根菜のパエリア（4〜6人分）

- 白米　2合
- 里芋　3個（約150g）— 皮をむいてひと口大のくし切り
- ごぼう　1本（約30cm）— 縦半分に切りななめ薄切り → 水にさらす
- にんにく　1/2片 — みじん切り
- 玉ねぎ　1/2個 — 〃
- セロリ　1/2本 — 筋をとってみじん切り
- ローリエ　1枚
- 白ワイン　50cc
- 水　2合分
- 塩　小さじ1
- オリーブ油　大さじ2
- ブラックペッパー　適量
- クレソン（飾り用）　〃 — ざく切り

（作り方）

① フライパンにオリーブ油（分量外）を入れて火にかけ、
里芋とごぼうを強火でさっと香ばしく炒める → 別皿によけておく
（火が完全に通ってなくてOK.）

② そのままのフライパンにオリーブ油とにんにくを入れ火にかけ、
香りが出てきたら玉ねぎとセロリを加え、しんなりしたら
お米を洗わずに加えさっと炒め合わせる（a）.
（お米に油を吸わせる）ローリエも加える

③ 塩をふり、白ワイン、水の順に加え、ひと混ぜしたら
①の里芋とごぼうをのせ強火にかける（b）.
沸いたらフタをして弱火で30分。
30分経ったら火を止め5分蒸らす（c）.
ブラックペッパーをふりさっと混ぜ合わせ、器に盛り、クレソンをのせる。

a

b

c

チキンときのこの赤ワインクリーム煮献立

- ブロッコリーとれんこんのくるみソースがけ
- 人参と洋なしのサラダ
- 大根の洋風煮
- チーズとハーブのオイル漬け

普段、お料理に生クリームはあまり使わないのですが、濃厚なクリーム味がたまに食べたくなります。このクリーム煮は、じゃが芋が煮崩れるくらいが美味。人参のサラダは、洋なしの甘さで食べる一品。チーズのオイル漬けのオイルが余ったら、パンに塗ってハムと食べたり、サラダにかけたりと、最後まで使ってください。

チキンときのこの赤ワインクリーム煮（4人分）

- 鶏もも肉　大2枚（600g）— ひと口大にカット
- にんにく　1/2片 —— みじん切り
- 玉ねぎ　1個 —— 〃
- しめじ　1パック —— 石づきを落としてほぐす
- エリンギ　1パック —— ひと口大カット
- じゃが芋　2個（240g）— 皮をむいて6等分 → 水にさらす
- 赤ワイン　100cc

Ⓐ
- 干ししいたけ（スライスタイプ）　6〜7枚 （37ページ参照）
- ローリエ　1枚
- 水　150cc
- 生クリーム　〃

- 塩　小さじ1/2
- ブラックペッパー　適量
- バター　30g

◎干ししいたけの代わりにコンソメ1個で代用してもOKです

（作り方）

① フライパンに半量のバターを入れ火にかけ、溶けたら強火で鶏肉を焼き、全体に香ばしい色を付ける（a）。いったん取り出す。

a

② フライパンを洗わずに残りのバターとにんにくを入れ火にかけ、香りが出てきたら玉ねぎを炒める。玉ねぎが透き通ったら、しめじとエリンギを入れさっと炒める。

③ 赤ワインを入れ沸いたらⒶと①の鶏肉・じゃが芋を加える（b）。再び沸いたらふたをし、弱めの中火で20分程煮込む。

b

④ 塩とブラックペッパーで味を調える。

ブロッコリーとれんこんのくるみソースがけ（4人分）

- ブロッコリー — 1/2株 — 小房に分ける
- れんこん　約100g（小1節）— 1cm厚さの半月切り

- にんにく（すりおろし）　1/2片
- くるみ　大さじ4（30g）— 細かく刻む
- 塩　小さじ1/3
- オリーブ油　大さじ2

（作り方）

① ブロッコリーとれんこんは蒸して火を通す（またはゆでる）
（ブロッコリーは蒸し器で約5分、れんこんは約10分蒸す）

② くるみソースをつくる。
小さめのフライパンにオリーブ油とにんにくを入れ中火にかける。
にんにくの香りがしてきたら弱火にし、塩を加え混ぜ、
にんにくが少し色付いてきたら火を止め、くるみを加える。

③ 蒸し上がったブロッコリーとれんこんを皿に盛り、くるみソースをかける。

人参と洋なしのサラダ（4人分）

- 人参　1本
- 洋なし　1/2個
- オリーブ油　小さじ2
- 塩　軽めにひとつまみ

☺ 塩は本当に軽めのひとつまみで！
洋なしの甘さで食べるサラダです

（作り方）

① 人参・洋なしはしりしり器にかける（又は千切りにする）

② オリーブ油と塩を加え和える。

※しりしりは沖縄の方言で「千切り」のこと。
沖縄の人気メニュー「人参しりしり」用の器具があります。
台湾でもよく使われています。

（37ページ参照）

大根の洋風煮 (4人分)

・大根 1/3本 ― 2cm厚さの輪切り、切り込みを入れる
・人参 1/2本 ― 薄い半月切り
・玉ねぎ 1個 ― 繊維を断つようにスライス
・にんにく 1/2片 ― つぶす
・セロリの葉 適量
・昆布と干ししいたけのだし汁 800cc
・ローリエ 1枚
・塩 小さじ2
・ブラックペッパー(粒) 10粒 (粒がなければひいたものでOK)

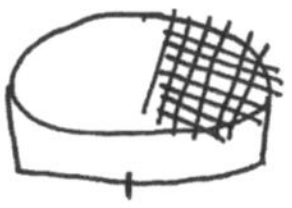

表面に細かい格子状。
裏面は十字に。

(作り方)

① 鍋に全ての材料を入れ火にかける。
② 沸いたらアクをとり、落としぶたをして弱めの中火にし、大根に味が染みるまで約30分程煮含めていく。

昆布と干ししいたけのだし汁

・昆布 10cm
・干ししいたけ 2個
・水 800cc

1晩おく又は手鍋に水を沸かし昆布と干ししいたけを入れ火を止める。
常温になるまで冷めたらOK!

チーズとハーブのオイル漬け (4人分)

・クリームチーズ 100g
Ⓐ ・ハーブ(お好みのもの) 約小さじ1
Ⓐ ・塩 小さじ1/4
Ⓐ ・オリーブ油 80cc

※ドライのタイム、バジル、ローズマリーなど。生のハーブでもOK!

(作り方)

① クリームチーズは1cm角にカットする
② ボウルやびんにⒶを入れ混ぜ塩を溶かし①のクリームチーズを入れる。
③ 一晩置いて味をなじませる。

※日持ちは冷蔵庫で2週間ほど。
保存する場合はチーズがオリーブ油から出ないようにオリーブ油の量を調整してください。

・余ったオイルはパンに塗って食べると美味しい!

column 3.

大好きコロッケ

見た目が少し不思議な、パーティーにもぴったりなおかずです。
ブロッコリーをじゃが芋にしっかりなじませるのがコツです。

中東のひよこ豆のコロッケ・ファラフェルに、里芋を入れて
ほくほく感を出しました。ヨーグルトソースと一緒にどうぞ。

ブロッコリーのコロッケ（約10個分）

・ブロッコリー —— 1/2株
・じゃが芋 3こ（約400g）
・ターメリック 小さじ1
・塩 小さじ1/2
・小麦粉 適量
・卵 〃
・パン粉 〃
・揚げ油 〃

a

（作り方）

① じゃが芋を蒸すかゆでるかし、皮をむきしっかりつぶす。
ターメリックと塩で味付けする。

② ブロッコリーを茎を長めに小房に分ける。
ブロッコリーを①のじゃが芋で包むように丸める（a）。

③ 小麦粉→溶き卵→パン粉の順につける。
170℃の油できつね色になるまで4～5分揚げる。

ターメリックは、鮮やかな黄色が特徴のスパイス。いんげん炒め、ポテトサラダに加えても。量を入れすぎると、苦みが出るので注意して。

ひよこ豆と里芋のコロッケ（小さめのサイズ約16個分）

・ひよこ豆（乾燥） 100g —— 一晩水で戻す
・里芋 5個（約250g） —— 5mm角にカット
・玉ねぎ 1/2個 —— みじん切り

Ⓐ
・にんにく（すりおろし） 1/3片
・クミンパウダー 小さじ1 ☆48ページ参照
・塩 〃
・片栗粉 小さじ2

・揚げ油 適量

ヨーグルトソース

混ぜる
・ヨーグルト（プレーン） 100g
・レモン汁 小さじ2
・にんにく（すりおろし） 少々
・塩、ブラックペッパー 〃

（作り方）

① 戻したひよこ豆をザルにあげ、
フードプロセッサーにかけ細かくする。（またはすり鉢でする）

② ボウルに移しⒶを入れ混ぜる。

③ 里芋と玉ねぎを加え混ぜ、ゴルフボール位の大きさに丸める。

④ 170℃の油で表面がこんがりしたきつね色になるまで揚げる
（約10分）

◎ お塩をふって食べたりおしょうゆやソースでも美味しいです。
オススメはヨーグルトソース!!

冬のメニュー ①

鶏手羽元の台湾風煮込み献立

- 春菊ときのこのおひたし
- 白菜とひじきのサラダ
- 豆腐と焼きねぎのスープ
- 切り干し大根の炊き込みごはん

台湾に旅行に行って五香粉（ウーシャンフェン）の美味しさに目覚め、考えたメニュー。手羽先や鶏モモ肉で作っても美味しいです。そして、卵は必須ですね。ひじきと梅の組み合わせが好きで、それをドレッシングにした白菜のサラダ。切り干し大根のごはんは、切り干し大根の甘みを感じられる冬らしいごはんです。

鶏手羽元の台湾風煮込み（4人分）

- 鶏手羽元　8本（約400g）
- 大根　1/3本 ——— 2cm厚さのいちょう切り
- ごぼう　1本（約30cm）— 3cmの輪切りを縦半分にカット→水にさらす
- 長ねぎ　1/2本 ——— 3cmのブツ切り
- 生姜　1/2片 ——— スライス
- にんにく　1片 ——— 包丁でつぶす
- 干ししいたけ（スライスタイプ）　6〜7枚　＊37ページ参照
- 卵　2個

Ⓐ
- 紹興酒　大さじ2　＊57ページ参照
- しょうゆ　〃
- きび砂糖　〃
- オイスターソース　大さじ1.5
- お酢　〃
- 五香粉（ウーシャンフェン）　小さじ2

- サラダ油　適量

五香粉（ウーシャンフェン）は、花椒（ホワジャオ）、シナモン、クローブ、八角などを混ぜたミックススパイス。味つき卵などに加えると、一気に台湾風の味わいに。

・ゆで卵・
水からゆでて
沸いたら9分

（作り方）

① 鍋にサラダ油を入れ火にかけ、鶏手羽元を加えさっと炒める。

② ごぼう、大根もそれぞれ順に加えさっと炒める（a）。

a

③ Ⓐを上から順に加え味をからめる。水400ccと干ししいたけ、長ねぎ、生姜、にんにくを上にちらす。フタをして強火にし、沸いたら弱火にし20分程煮込む。

④ ゆで卵を作っておく。

⑤ 20分したらゆで卵を加え（b）、更に10分程弱めの中火で煮込む。
大根に味がなじんでいたらOK！

b

＊出来たてよりもいったん火を止めて置いて味をなじませてからの方が美味しいです

春菊ときのこのおひたし　（4人分）

・春菊　1束
・エリンギ　1パック ―― 手で細くさく
・水　400cc
・昆布　5cm
・かつおぶし　軽くひとつかみ
Ⓐ
・みりん　小さじ2
・しょうゆ　小さじ2.5
・塩　小さじ1/3

（作り方）

① 手鍋に水と昆布を入れ沸く直前に火を弱め、かつおぶしを加えて10分程火にかける。

② かつおぶしと昆布を取り出し、Ⓐを加える。

③ ②を温め直しエリンギを加え、さっと火を通す。

④ 別のお鍋に湯を沸かして春菊をさっとゆで、水にさらす。3cm幅にカットして、水気を絞って③に加える。
（※春菊は煮汁に入れるだけで火にかけません）

白菜とひじきのサラダ　（4人分）

・白菜　2〜3枚 ―― 4cm長さの細切り
・芽ひじき（乾燥）　大さじ1（3g） ― 水で戻す
・梅干し　1こ ―― たたく
Ⓐ
・味噌　小さじ1
・お酢　大さじ1
・オリーブ油　〃
・かつおぶし（細かいもの）　軽くひとつまみ

（作り方）

① 戻した芽ひじきをザルに上げる。

② たたいた梅干しとⒶを合わせ、芽ひじきを加えて和える。

③ 白菜と②を和えて器に盛る。

豆腐と焼きねぎのスープ（4人分）

	・木綿豆腐	1/2丁（150g）
Ⓐ	・長ねぎ	1本 —— ななめ薄切り
Ⓐ	・干しえび（小えび）	大さじ2 ※37ページ参照
Ⓐ	・ごま油	大さじ1
	・昆布	5cm
	・酒	大さじ1
Ⓑ	・にんにく（すりおろす）	少々
Ⓑ	・塩	小さじ1/3
Ⓑ	・しょうゆ	小さじ1
Ⓑ	・ナンプラー	〃
	・片栗粉	小さじ2 + 水大さじ1
	・ブラックペッパー	適量

（作り方）

① 鍋にⒶを入れ火にかけ、長ねぎがしんなりするまで
中火で炒める。酒を入れフタをして弱火で2分程蒸し煮にする。

② 水600ccと昆布を加え沸いたらⒷを加え、
木綿豆腐を手で細かくしながら加える。
再び沸いたら片栗粉を水で溶いて加え、
とろみをつける。ブラックペッパーをふる。

切り干し大根の炊き込みごはん（4人分）※炊飯器でもつくれます

・白米	1.5合
・切り干し大根	30g
・切り干し大根の戻し汁	1.5合分
・塩	小さじ1/2
・しょうゆ	大さじ1
・白ごま	適量

（作り方）

① 白米は研いで30分程浸水させておく。

② 切り干し大根を300ccの水で戻し、戻ったら細かく刻む。

③ 鍋にザルに上げた白米と戻し汁（足りなかったら水をたす）、
塩・しょうゆを入れひと混ぜし、切り干し大根をちらし炊く。
（炊き方は… 強火にかけ沸き立ったら弱火で9分半、火を止め蒸らし10分）

④ 炊き上がったら白ごまを加えさっと混ぜる。

冬のメニュー②

根菜と高野豆腐の煮物献立

- カキのごはん
- 菜の花のごま和え
- ごぼうのチヂミ

高野豆腐の使い方を知りたいと、生徒さんからリクエストがあってできたメニュー。高野豆腐は栄養があり、乾物なのでストックもできて便利です。高野豆腐も根菜も、小さめに切ることがポイント。冬らしいカキのごはんと、春を近くに感じる菜の花の和えもの、ごぼうたっぷりのチヂミ、私が好きな味ばかりを集めました。

根菜と高野豆腐の煮物 (4−6人分)

・ごぼう　1本(約30cm) ―― 小さめの乱切り→水にさらす
・人参　1/2本 ―― 〃
・レンコン　小1節(約150g) ―― 〃　→水にさらす
・里芋　3個(〃) ―― 皮をむいて小さめの乱切り
・高野豆腐　2枚
・大豆(ゆでたもの)　1缶(100g)
・煮干し　5本 ―― 頭と腹ワタをとる

Ⓐ
・きび砂糖　大さじ1
・みりん　大さじ3
・酒　大さじ2
・しょう油　〃

・白すりごま　大さじ3
・サラダ油　適量

(作り方)

① 鍋にサラダ油を熱し、ごぼう→レンコン→人参→里芋の順に炒めていく。
炒めたら大豆とⒶを加えさっと炒め、煮干しとひたひたの水を加え(a)、フタをして強火にかけ、沸いたら弱火で20分程煮込む。

② 高野豆腐を水に3分程つけて戻す。
柔らかくなったら水気を絞り、横に3等分に切り5mm幅にカットする

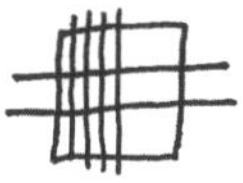

③ 20分程して野菜に味が染みていたら(まだだったらもう少し煮る)
高野豆腐を加え、弱火で更に10分煮込む(b)。
煮汁が少なくなったら火を止め、すりごまを加えて混ぜる。

※少し置いて味がなじんでから食べるのがオススメです!

a

b

カキのごはん（4人分）※炊飯器でも作れます

・白米　1.5合
・カキ　約150g（加熱用）
・酒　大さじ2
・しょうゆ　大さじ1
・水　1合分
・塩　小さじ1/3
・昆布　5cm
・ごま油　大さじ1
・みつ葉　1/3袋 ― ざく切り

◎カキの下処理◎
カキをボウルに入れ
・片栗粉　小さじ1
・塩　ひとつまみ
と
水少量を加え手でなじませる
汚れがでてきたら2・3回すすぐ

（作り方）
① 白米は研いで30分程浸水させておく。
② 鍋（ごはんを炊く用の）にごま油を入れて火にかけ、油が温まったら
カキを入れ強火でさっと炒め、酒としょうゆを加える。
カキに味をからめるようにしっかり炒め カキに火を通す。
③ カキのみを取り出し別皿に移しておく。
④ ザルに上げたお米をカキを炒めた鍋に入れ、
カキのだしを吸わせるようにさっと炒める。
水と塩と昆布を入れ フタをして強火にし炊く。
沸いたら弱火にし9分半火にかける。
火を止め素早くフタを開けて③のカキを入れる。
再びフタをして10分蒸らす。
蒸らし終わったらみつ葉を加えさっと混ぜる。

菜の花のごま和え（4人分）

・菜の花　1束 ― 半分にカット
Ⓐ
・黒すりごま　大さじ1.5
・おろしわさび　小さじ1/2
・しょうゆ　小さじ1弱

（作り方）
① 沸騰したお湯に菜の花の芯の方を先に入れ、
10秒したら穂先の方を入れ10秒ゆで水にさらす。
② ボウルにⒶを入れて混ぜ、水気を絞った菜の花を入れ和える。

ごぼうのチヂミ（4人分）

・ごぼう	1本（約30cm）	— ななめ薄切りにし、千切り → 水にさらす
・卵	1個	
・塩	ひとつまみ	
・水	180cc	
・小麦粉	大さじ7	
・かつおぶし（細かいもの）	ひとつかみ（1g）	
・ごま油	大さじ1	

（作り方）

① フライパン（直径26cm）にごま油を入れて中火にかけ、ごぼうをしんなりするまで炒める。

② ボウルに卵を入れ溶きほぐし、塩と水を加え混ぜる。小麦粉を加え、なめらかになるまでホイッパーで混ぜる。なめらかになったら、かつおぶしを加え混ぜる。

a

③ ①のごぼうを入れさっくり混ぜる。

④ 続けてフライパンにごま油少々（分量外）を熱し、③を入れてごぼうを平らにならし（a）。中火で美味しそうな焼き色が付いたら裏返して両面焼く。（片面3〜4分ずつ）食べやすく切り、たれをつけて食べる。

チヂミのたれ

・しょうゆ	小さじ2
・お酢	小さじ1
・きび砂糖	ふたつまみ
・ごま油	少々
・しょうが（すりおろし）	〃
・白すりごま	小さじ1

混ぜ合わせる

トマトにかけてもおいしい

大根のごま煮献立

- かぼちゃとクリームチーズの春巻き
- 菜の花の柚子胡椒マヨ和え
- セロリとレモンとツナのサラダ
- 揚げレンコンとオリーブのごはん

担々麺が大好きなので、そこからヒントを得て作った煮物です。仕上げにラー油をかけて、ピリ辛にするのもおすすめ。かぼちゃの春巻きは、三角に巻いてスナック感覚で食べられるようにしました。揚げレンコンのごはんは、オリーブ油を入れることでイタリアンっぽくなり、おもてなし料理にしても喜ばれます。

大根のごま煮 (4人分)

ごま煮

- 大根 1/2本 —— 3cm厚さのいちょう切り
- 生姜 1/3片 —— みじん切り
- にんにく 1/2片 —— 〃
- 酒 大さじ2
- しょうゆ 大さじ1
- 白すりごま 大さじ3
- 味噌 大さじ1
- ごま油 適量
- 大葉 10枚 —— 千切りにして水にさらす

肉みそ

- 豚ひき肉 100g
- 長ねぎ 10cm —— みじん切り
- 酒 小さじ2
- しょうゆ 小さじ1
- こしょう 適量
- ごま油 〃

a

b

(作り方)

① 鍋にごま油・生姜・にんにくを入れ火にかけ、香りがでてきたら大根を加えさっと炒める。

② 酒としょうゆを加えさっと炒めたら、大根がひたひたになる位まで水を加える(a)。強火にして沸いたら弱めの中火にし、フタをして20分程煮込む。

③ 大根に火が通ったら白すりごまと味噌を加え(b)、フタをして大根に味が染みるまで弱めの中火で10分程煮込む。

④ 肉みそを作る。
1) フライパンにごま油を熱し長ねぎを入れ炒める。
2) しんなりしたら豚ひき肉を加えポロポロになるまで炒める。
3) 酒としょうゆ、こしょうを加え味付けする。

⑤ 大根を器に盛り肉みそと大葉をのせ、白すりごま(分量外)をふる。

◎ 大葉の代わりにパクチーでも。
お好みでラー油や花椒(ホアジャオ)などかけてスパイシーにしても美味しいです。

かぼちゃとクリームチーズの春巻き （12個分）

- かぼちゃ　1/8個
- クリームチーズ　30g
- 塩　ひとつまみ
- 春巻きの皮　4枚
- 揚げ油　適量

（作り方）

①かぼちゃはワタをとり皮をむき、蒸し器で柔らかくなるまで15分蒸す。

②かぼちゃをボウルに移しフォークでしっかりつぶす。
クリームチーズ・塩を加えよく混ぜる。

③春巻きの皮を縦3等分に切り②をのせて
三角形になるように包む（端は水でぬらしてとめる）
170℃の油でカラッと揚げる。

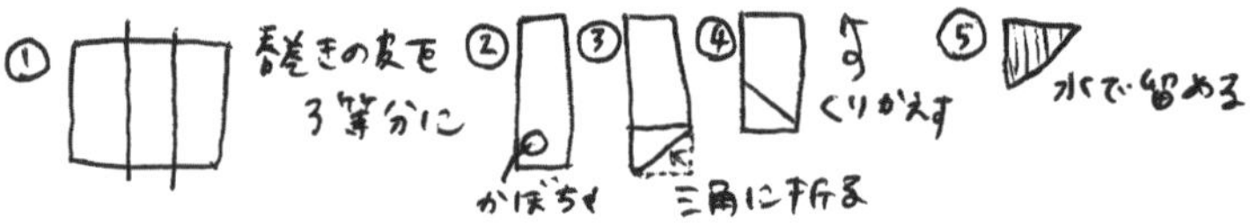

菜の花の柚子胡椒マヨ和え （4人分）

- 菜の花　1束

Ⓐ
- マヨネーズ　小さじ2
- 柚子胡椒　小さじ1/3
- オリーブ油　小さじ1
- しょうゆ　〃
- 黒すりごま　大さじ1

（作り方）

① 菜の花を沸騰したお湯で30秒ゆで、
水にさらしザルにあげる。水気を絞り3等分に切る。

② ボウルにⒶを入れよく混ぜ、①を加え和える。

セロリとレモンとツナのサラダ（4人分）

- セロリ　1本 ― すじを取りななめうすセカリ
- 国産レモン　1/4個 ― 縦半分に切り、ペラッペラに  極薄にスライス
- ツナ缶　2缶（140g）
- Ⓐ オリーブ油　大さじ1
- Ⓐ 白ワインビネガー　〃
- Ⓐ 塩　小さじ1/4
- Ⓐ ブラックペッパー　少々

☆ レモンを極薄に切ることが美味しくなるポイントです！

（作り方）

① ボウルにカットしたセロリ、レモン、油をよく切ったツナ缶を入れ、Ⓐを加えよく和える。

◎ お好みでハーブや赤玉ねぎを入れても美味しいです。
ツナ缶でなくてサバ缶でもOK！

揚げレンコンとオリーブのごはん（4人分）

- ごはん　茶碗4杯分
- レンコン　200g（1節）― 皮付きで1cm角にカット
- グリーンオリーブ　10粒 ― 1粒を3〜4枚にスライス
- オリーブ油　大さじ1
- ブラックペッパー　たっぷり
- 塩　適量
- 揚げ油　〃

（作り方）

① レンコンはカットしたらさっと水にさらし、ザルに上げて水気をしっかり拭く。
揚げ油でこんがりきつね色になるまで素揚げする。
（油が冷たい状態から入れて中火で揚げる）

② ごはんにオリーブ油を加え混ぜ、レンコン、オリーブ、ブラックペッパーを加え、塩で味を調える。
（オリーブに塩気があるのでひかえめに）

冬のメニュー ④

手羽先と大根の酒粕煮献立

- しょうゆきのこのライスコロッケ
- 春菊と金柑の白和え
- ヤーコンのバターきんぴら

私の地元の新潟では、酒粕を使った郷土料理が多く、母がよく作ってくれる具だくさんの粕汁を真似て、煮物にしました。生姜は、ぜひたっぷり入れてください。ライスコロッケは、ちょっとしたパーティーにも喜ばれるお気に入りの料理。春菊の白和えは彩りもきれいで、金柑の甘さと春菊の苦みがとても合います。

手羽先と大根の酒粕煮（4人分）

新潟の実家でも、母が料理によく使っている酒粕。粕汁はもちろん、味噌や生姜と合わせて、高菜と豆などを煮ても美味しい。

・鶏手羽先　8本（約400g）
・大根　1/2本 —— 2cm厚さのいちょう切り

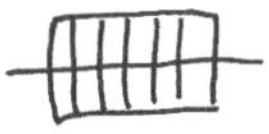

・生姜　1/2片 —— 千切り
・油揚げ　2枚 —— 横半分に切り1.5cm幅に切る

Ⓐ
・みりん　50cc
・酒　〃
・しょうゆ　大さじ1.5
・酒粕　80g

・味噌　大さじ1.5
・ごま油　適量
・水菜　〃 —— 2cm幅にカット

（作り方）

① 手羽先は関節に包丁を入れて切り離し、
皮目に縦に1本切り込みを入れる（a）。
（先のとがった部分は今回使いませんが鶏ガラとして使えます）

a

② 鍋にごま油と生姜を入れて中火にかけて香りをだす。
香りがでてきたら①の手羽先を入れ表面に
うっすら焼き色が付くまで焼く。

③ 大根も加えさっと炒め、油揚げも加える。

④ Ⓐを上から順に加え、その度さっと混ぜる。
（酒粕は溶けにくいので小さくちぎって加える（b））

b

⑤ 水をひたひたになるまで加える。
強火にかけ沸いたら弱火にしてフタをして、
大根が柔らかくなるまで20分程煮込む。

⑥ 大根が柔らかくなったら味噌を溶き入れる。

⑦ 器に盛り水菜をのせる。

※手羽先のとがった部分で美味しいスープができます
水、生姜のうす切り、酒、塩と手羽先を
鍋に入れ火にかけアクをとりながら
沸いたら弱火にして30分程煮込みます。
ナンプラーやしょうゆ、こしょうで味付け。

しょうゆきのこのライスコロッケ （16個分）

・ごはん　茶碗3杯分
・えのき　1/2袋 ―― 長さを3等分に切る
・エリンギ　1本 ―― 縦半分に切りななめ薄切り
・酒　大さじ2
・しょうゆ　大さじ1
・バジル（生）　4〜5枚 ―― 細かく刻む
・クリームチーズ　約70g ―― 16等分に切る
・塩　少々
・ブラックペッパー　適量
・小麦粉　〃
・卵　〃
・パン粉　〃
・揚げ油　〃

（作り方）

① しょうゆきのこを作る
手鍋にえのきとエリンギ、酒を入れて中火にかける。
しんなりしてきたらフタをして弱火で4、5分煮る。
きのこ達の水分がなくなってきたらしょうゆを加え、
水分が飛ぶまで炒める（a）。

② ごはんに①と刻んだバジルを加え、塩とブラックペッパーで味を調える（b）。

③ 手にオリーブ油少々（分量外）をつけ、②をのせ、クリームチーズを中に入れ（おむすびみたいに）丸める（c）。

④ 小麦粉→溶き卵→パン粉の順につけ、170℃の油できつね色になるまで揚げる。

a

b

c

春菊と金柑の白和え（4人分）

・春菊　1/2束
・金柑　6個（約100g）
・きび砂糖　大さじ2
・木綿豆腐　1/2丁（150g）
・白すりごま　大さじ2
・しょうゆ　小さじ2

（作り方）

① 金柑のコンポートをつくる
半割りにして種をのぞいた金柑ときび砂糖、
水100ccを手鍋に入れ火にかける。
沸いたら弱火にして水分がほぼ無くなるまで15分程煮る。

② 豆腐の水切りをする。（キッチンペーパーに包み重しをして約30分）

③ お湯を沸かし春菊をさっとゆで水にさらす。
水気を絞り3〜4cm幅に切る。

④ ボウルに水切りした豆腐を入れフォークなどでしっかり崩し
白すりごまとしょうゆを加え混ぜる
①の金柑のコンポートと③の春菊を加え和える。

ヤーコンのバターきんぴら（4人分）

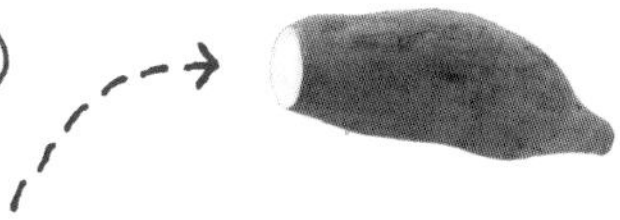

・ヤーコン　1本（200g）—— 皮をむき7〜8mm厚さの短冊切り
・赤パプリカ　1個 —— 細めにスライスし、半分に切る
・くるみ（ナッツなら何でも）　大さじ1 —— 粗めに刻む
Ⓐ・きび砂糖　小さじ1
・しょうゆ　小さじ1.5
・バター　10g
・ブラックペッパー　適量
・サラダ油　〃

ヤーコンとは…
見た目はさつまいもとそっくりな根菜。
とてもヘルシーで生でも食べられる根菜です。
千切りにしてサラダやジュースにしたり、かき揚げにしたり色々と使えます！

（作り方）

① 鍋にサラダ油を熱しヤーコンを中火で油が回るまで3分炒める。

② パプリカ、くるみを加えさっと炒めⒶを順に加える。
ヤーコンに味がなじんだら完成。

column 4.

ほかほかスープ

豚肉に小麦粉をまぶして加えることで、スープにとろみがついて、
くたくたに煮た白菜と合います。豆乳は、分離するので煮立たせないで。

具だくさんの食べるスープ。切り干しの戻し汁が、いいだしに。
トッピングのパクチーの香りが、これには必須です。

白菜の豆乳スープ (4人分)

・白菜　1/8株 — 1cm幅に切る
・ごぼう　1本(約30cm) — 縦半分に切り、ななめ薄切り
　→ 水にさらす
・豚肉(バラや切り落とし)　約150g — 4〜5cm幅に切る
・小麦粉　適量
・昆布　10cm
・水　800cc
・味噌　大さじ2.5
・豆乳(無調整)　150cc

a

(作り方)

① 鍋に昆布・水・ごぼうを入れ火にかける.
沸いたらアクをとり、白菜を入れふたをし、弱めの中火で10分煮る.

② 白菜がくたっとしたら小麦粉をまぶした豚肉を入れ(a)、
アクをとり、豚肉の色が変わったら味噌を入れる.

③ 豆乳を加え火を止める(沸騰させると豆乳が分離するので注意!)

※生姜のすりおろしを お好みで
器に盛った後に加えても。

切り干し大根とトマトのスープ (4人分)

・切り干し大根　30g — 500ccの水で戻し3cmカット
　(※戻し汁使います)
・にんにく　1/2片 — みじん切り
・玉ねぎ　1/2個 — 繊維を断つようにスライス
・トマト　1個 — ざく切り
・干し椎茸(スライスタイプ)　5枚 ← 37ページ参照
・白ワイン　大さじ2
・塩　小さじ1/3
・サラダ油　適量
・パクチー　〃 — みじん切り

(作り方)

① 鍋にサラダ油とにんにくを入れ火にかける. 香りがでてきたら
玉ねぎを加え透き通るまで炒める.

② 戻してカットした切り干し大根を加えさっと炒める.

③ 切り干し大根の戻し汁、白ワイン、干し椎茸、トマトを加え沸いたら
ふたをして弱火にし、5分程煮る.

④ 塩で味を調え、器に盛りパクチーをのせる。

夏井景子（なついけいこ）

1983年新潟生まれ。板前の父、料理好きな母の影響で、幼い頃からお菓子作りに興味を持つ。製菓専門学校を卒業後、ベーカリー、カフェで働き、原宿にあった『Annon cook』でバターや卵を使わない料理とお菓子作りをこなす。2014年から東京・二子玉川の自宅で、季節の野菜を使った少人数制の家庭料理の料理教室を主宰。毎年冬に開くキムチ教室も好評。都内にあるデザイン事務所の社員食堂で、週3回料理を作っている。著書に『あえ麺100』『ホーローバットで作るバターを使わないお菓子』（ともに共著／小社刊）など。

http://natsuikeiko.com

深夜ラジオから流れる
ギョウザを焼く音
次の日早朝から
冷凍ギョウザを焼く私

「赤毛のアン」を観る日は
隣町まで行ってドーナツを買ってもらう
小学3年生の頃の私のはやり

なんだかんだ
母の料理には
一生かなわない

アートディレクション・デザイン／尾花大輔
撮影／衛藤キヨコ
プリンティングディレクション／
金子雅一（凸版印刷株式会社）

取材／中山み登り
校閲／滄流社
編集／足立昭子

“メモみたいなレシピ”で作る家庭料理のレシピ帖

著　者／夏井景子
編集人／小田真一
発行人／倉次辰男
発行所／株式会社 主婦と生活社
〒104-8357　東京都中央区京橋3-5-7
Tel.03-3563-5321（編集部）
Tel.03-3563-5121（販売部）
Tel.03-3563-5125（生産部）
https://www.shufu.co.jp
印刷所／凸版印刷株式会社
製本所／共同製本株式会社
ISBN978-4-391-15450-4